TUTTA LA STANCHEZZA DEL MONDO

Per la citazione tratta da Mattia Torre, *In mezzo al mare. Sette atti comici*, Milano, Mondadori, 2019

www.giunti.it
www.bompiani.it

Via Bolognese 165, 50139 Firenze - Italia
Via G.B. Pirelli 30, 20124 Milano - Italia

ISBN 978-88-301-1854-6

Prima edizione: febbraio 2022
Sesta edizione: settembre 2022

ENRICA TESIO

TUTTA LA STANCHEZZA DEL MONDO

BOMPIANI
OVERLOOK

a Dario che mi solleva

INTRODUZIONE

L'11 febbraio 2013, alle ore venti e trentacinque, avevo la televisione accesa, un bambino di due anni e mezzo che trafficava con i cassetti della cucina e una bimba di sette mesi sul seggiolone.[1] Erano tempi turbolenti, mi ero appena separata, cioè pensavo di essermi separata, ancora non avevo capito che la separazione non è un evento circoscritto ma un lungo processo, con tanto di penali, distribuzione di colpe, accuse e difese. Come spesso mi è accaduto nella vita stavo scambiando l'inizio con la fine o la fine con l'inizio, o stavo cercando una fine e un inizio per un tempo che era semplicemente "durante".

Lorenzo leccava i Pan di Stelle e li rimetteva nel pacchetto, secondo lui così non disubbidiva alla regola di non mangiare prima di cena. Io indossavo le scarpe e la giacca, anche se ero rientrata dal lavoro da più di un'ora. Non ero sfiorata da un uomo da troppo (ci sono molti modi per ferire un corpo, ho sperimentato sul mio che il peggiore è non toccarlo), ma

[1] Quando la stagionatura supera l'anno, è accettato misurare l'età in mesi solo se si parla di forme di parmigiano.

non ero mai abbastanza tirata, scalciata, strattonata, stretta dai miei due coinquilini sotto il metro di statura. Marta non voleva mangiare la sua pappa e di lì a qualche ora si sarebbe ricoperta di bolle: non la pappa, Marta, la varicella fa questo.

Riassumendo: il mio primogenito scopre la ricetta dei brownies alla bava, la mia secondogenita è in procinto di trasformarsi nella Pimpa, io sono un grosso punching ball per infanti sui tacchi, quando dalla televisione ci comunicano che il papa si dimette.

Il papa.

Ratzinger, quello a cui l'edizione del 20 aprile 2005 del *manifesto* dedicò la memorabile copertina *Pastore tedesco*. Il rigore e la sapienza fatte uomo. Quel papa, a otto anni dalla sua elezione, se ne andava.

Era malato? No, non era malato e poi anche papa Giovanni Paolo II aveva vissuto una lunga agonia pubblica, la malattia non era considerata una giustificazione per appendere i paramenti al chiodo. Stava vivendo una crisi di coscienza? No. Niente del genere, la sua spiritualità era più viva che mai. La televisione, in diretta, ci stava dicendo che papa Benedetto XVI mollava perché era venuto meno il vigore sia del corpo sia dell'animo. In poche parole, era stanco.

Tipo Forrest Gump, che dopo avere corso in lungo e in largo attraverso l'America, prima in solitudine e poi con un manipolo di seguaci, si ferma, si gira verso gli adepti, dice: "Sono un po' stanchino" e se ne va a casa. Solo che il manipolo di seguaci per Benedetto XVI era la totalità del mondo cattolico.

L'11 febbraio 2013 alle ore venti e cinquanta ho spento la televisione, risposto a qualche domanda di Lorenzo mentre finiva la pasta con verdure frullate che gli facevo passare per l'amatissimo pesto, issato Marta sull'anca destra[2] e avviato le grandi manovre della nanna. Ci siamo infilati tutti nel mio letto, tra una veloce lavata di denti e un ascolto di Allaccamuvimuvi,[3] dovevo anche essermi tolta la giacca e i tacchi ma non ne sono certa. E mentre ero sdraiata in un matrimoniale senza matrimonio, con il portatile che mi chiamava dal salotto per finire un lavoro in scadenza l'indomani, la cucina da ricomporre, ignara di star allattando una baby-bomba a orologeria virale, riuscivo solo a pensare a Ratzinger e a sentirmi parte di qualcosa di grande e insieme sola in modo assoluto.

Ratzinger non era più papa (o forse un papa è per sempre, come la suocera anche dopo una separazione), non era più il capo della Chiesa, era l'icona della condizione dell'uomo e della donna contemporanea, del sentire comune, del tema ricorrente in ogni conversazione tra adulti. Io stessa facevo parte di quella schiera di pecorelle che passava ogni giorno dal multitasking al multistanching.

I multistanchi erano e sono[4] quelli che alla domanda "Come stai?" non rispondono "bene", "male" o "così così", rispondono in coro "stanchi", ma più spesso "esauriti", "esausti". E nessuno ha qualcosa da opinare, perché la stanchezza è socialmente accettata, un effetto collaterale di una vita degna di dirsi tale. La depressione, la tristezza, l'apatia sono pieghe di questi

[2] C'è proprio un incastro perfetto tra le gambe di un bambino piccolo e l'anca di una madre, una accoglie l'altro come la testa degli omini Lego accoglie la calotta di capelli.

[3] *I like to move it, move it* è la colonna sonora di *Madagascar*, film di animazione visto settecentoquarantatré volte di fila e poi rimosso per sempre dalla fantasia dei miei figli.

[4] Mi si conceda una pausa al presente, abbandono per un momento la me di dieci anni fa solo perché pensarmi lì, con Marta quasi febbricitante, mi mette un'ansia indicibile.

nostri tempi stropicciati, ma sono appunto pieghe, risvolti da eliminare o nascondere. La stanchezza invece si può esibire. In fondo non risparmia nemmeno il Dio della Genesi, anzi arrivo a dire di più, la stanchezza è la prima reazione del divino che, dopo aver creato il mondo e l'uomo, dopo aver visto che erano cose buone e giuste, si riposa. Lui.

Io, l'11 febbraio 2013 avrei trascorso la notte in piedi, a cantare canzoncine e misurare febbri, a cercare un modo per non assentarmi dal lavoro, a odiare e amare Ratzinger che aveva capitolato o forse si era ribellato alla dittatura dello sfinimento.

Sono passati otto anni (un mandato di Ratz), i miei figli sono cresciuti ma non troppo; io sono invecchiata ma non troppo, tanto che, alla soglia dei quarantadue anni, sono diventata mamma per la terza volta; il mio lavoro è cambiato ma non troppo perché continuo a dover chiudere i progetti dopo cena; il mondo è cambiato ma non troppo perché un giorno sembra che rotoli e il giorno dopo riprende a girare. Ciò che resta uguale è lei, la stanchezza. Mi sono chiesta di cosa sia fatta per consumarmi, consumarmi senza esaurirmi mai del tutto.

Non è idrosolubile, non si scioglie nella doccia, non evapora al sole dell'estate. Cosa c'è dentro? Olio di palma? Adamantio? È una parola vuota, un intercalare? Oppure è piena di idiosincrasie, ossessioni, del mio peggio e del mio meglio, del peggio e del meglio di questo periodo storico? È una condizione condivisa?

Ho cercato nei libri che ho letto, nei ricordi, nei film, nelle parole, nelle mie occhiaie, nelle mie emozioni, ci ho trovato dodici fatiche, come quelle di Ercole, quelle che ogni sera mi fanno dire è venuto meno il vigore sia del mio corpo sia del mio animo… ora lascio e poi invece no. Le raccolgo in un diario, personale ma per nulla segreto, con un'unica raccomandazione: stasera, quando tornate a casa, date una carezza a un adulto stanco e ditegli da parte mia questa è la carezza dell'ex papa.

FATICA NUMERO 1. LA CASA

"Bella casa mia, ma non ci vivrei" ovvero di come la stanchezza, dopo il 2020, si misuri in metri quadri calpestabili.

La pandemia[1] ha relativizzato tutto, anche la lingua italiana, i tormentoni, i modi di dire, la saggezza popolare. Il suggerimento dei guru della mindfulness "esci dalla tua comfort zone", per esempio, sembra una presa in giro oggi, dopo mesi costretti sul divano, circondati da ciò che conosciamo, da ciò che è familiare. Anche "questa casa non è un albergo" presto troverà posto nel dizionario delle frasi idiomatiche obsolete. Tipo: *Questa casa non è un albergo*. Formula a.C.[2] di origine colloquiale. Veniva usata dalle madri per apostrofare figli assenti, che frequentavano il focolare domestico solo per desinare e dormire.

Nell'era d.C. che la casa non sia un albergo lo sappiamo, perché è un ufficio, una scuola, una palestra, una sala giochi, un ristorante, un cinema, un set fotografico, un ospedale. È tutto tranne ciò che dovrebbe essere, cioè il luogo dove tornare

[1] Un saggio che si rispetti, dato alle stampe dopo il 2020, deve contenere la parola "pandemia" nelle prime cinque pagine. Siccome questo non è un saggio che si rispetti la parola "pandemia" è inserita a pagina 11. Poi ci tornerò pochissimo, prometto.

[2] a.C. avanti Covid, d.C. dopo Covid.

dopo una giornata di impegni, lo spazio del riposo. Là dove mia nonna era solita affermare puntuale alle diciotto e trenta: "Mi siedo ora per la prima volta da stamattina."[3]

Gli antropologi parlano della casa contemporanea come di uno spazio in divenire, una piattaforma che connette diversi aspetti della vita sovrapposti e confusi in un flusso di tempo dai contorni sfumati. Un ibrido. Qui apro una parentesi che è una confessione. Quando leggo saggi o articoli su temi affini a questo, io li interpreto con la voce di Diego Abatantuono in *Eccezzziunale veramente*. Ogni volta che qualcuno mi parla di resilienza ripronuncio mentalmente la parola con il tono di Donato, il Ras della Fossa, quando dice *viulenza*. Allo stesso modo "spazio ibrido" diventa *spazio ipprito*. "Società liquida" è *sucietà liquitta*.[4] Ognuno ha le proprie strategie per esorcizzare la paura e a me la casa come unità di spazio, tempo e azione, come perimetro di fatiche tragicomiche, come tunnel da cui non puoi uscire e quindi ti conviene arredare al meglio, terrorizza proprio.

Provo a fare un tour virtuale di un appartamento d.C. (il mio, simile a quello di tanti altri durante la pandemia), per spiegare il senso di claustrofobia e di usura mentale che ci ha colti nel passaggio forzato da animali sociali ad animali domestici, un passaggio che non si è esaurito nemmeno con il concludersi dell'allarme.

La cucina. Mentre i ragazzi sono in didattica a distanza e gli adulti in smart working i fuochi sono accesi, i lieviti madre

[3] Altra frase che andrà inserita tra le formule idiomatiche obsolete visto che viviamo seduti.

[4] Credo rientri nella patologia mentale chiamata "sindrome da Sandrino il Mazzulatore".

schiumano, le tostiere tostano e, dagli odori che si mescolano nei pianerottoli, si direbbe che ci siano dei food truck a pieno regime produttivo parcheggiati in ogni soggiorno. Cucinare stanca, anche perché si sa quando si inizia ma non si sa quando si finisce. Si inizia dai buoni propositi, ne abbiamo collezionati molti in pandemia. Il primo buon proposito è non sprecare cibo, che è peccato. Così abbiamo dato una possibilità agli avanzi. Lo schema è questo: è avanzato del pane raffermo, che spreco buttare questo tozzo da tre centesimi, cerchiamo orsù una ricetta per dimostrare a noi stessi quanto siamo furbi, accorti e responsabili, ecco qui (leggo ad alta voce): "Avete del pane raffermo? Bene, mettetelo in una ciotola e unite del caviale di lumaca, dei pistilli di zafferano, della bottarga e del sale dell'Himalaya." Ma io lo immagino che voi, voi che fate le ricette facili facili con gli avanzi, avete la mamma himalayana.

Seguiamo anche *Chefclub*, un canale YouTube a metà strada tra la culinaria veloce e la carpenteria avanzata. Saltiamo il tutorial per fare le "arterie glassate" e scegliamo di realizzare una semplice crostata con crema pasticciera. Sì, dai, bello. Per la crema ci vogliono sei tuorli. Bene, quindi avanzano sei albumi. Vada per una seconda preparazione in modo da usare i sei albumi, che noi siamo accorti e responsabili e non vogliamo buttare via niente. Trovata! Facciamo le crespelle pallide. Ottimo. Leggi: "Per fare le crespelle pallide ci vogliono dieci albumi." Bene. Ora cerchiamo una terza soluzione per usare i quattro tuorli avanzati. E via così, alla quindicesima ricetta salva rossi-albumi spaiati, il più risoluto afferra una gallina che passa di lì e le tira il collo perché altrimenti non se ne esce.

Un altro loop di cui sono stata vittima è il ripetersi del gesto di apparecchiare e sparecchiare reiterato per colazione, pranzo, merenda e cena. Metti la tovaglia, togli la tovaglia, metti la tovaglia, togli la tovaglia, sono il Daniel San di Karate Covid.[5]

Dalla cucina si passa alla camera dei bambini. A colpo d'occhio sembrerebbe una stanza di due ragazzini sotto i dieci anni, con un disordine normale seppur movimentato da qualche bizzarria, i suoi piccoli abitanti prima di addormentarsi si tolgono le calze e le lanciano, lontano, bombe a mano giocattolo, non so perché lo facciano, è un'abitudine impossibile da estirpare e che rende cronico il fenomeno dello spaiamento dei pedalini.[6] Una parete è occupata da un armadio semivuoto perché i vestiti stanno ammonticchiati su una sedia. Giorno dopo giorno il golem di abiti usati diventa un componente della famiglia, ti viene voglia di insegnargli a farsi una doccia e dargli dei compiti da svolgere in casa, non può continuare a bivaccare a scrocco. La parete di fronte ospita foto di sorrisi e un disegno di un sole tentacolare verde che illumina grossi scoiattopi[7] blu. Appoggiate al terzo muro, le testiere dei due letti, due ring per le lotte serali. E là, dove ci si aspetterebbe una finestra, là dietro il computer, niente, un buco: è caduta la quarta parete, quella che divideva la casa dalla scuola. È andata giù durante il primo lockdown e non siamo più riusciti a ricostruirla nemmeno con la malta della disperazione e la calce delle bestemmie. Il

[5] Possedevo un poster di Ralph Macchio, protagonista di *Karate Kid*, che avevo staccato dalla pagina centrale di *Cioè* e appeso in camera. La piega del giornalino sul volto dell'attore lo rendeva una perfetta controfigura di *The Elephant Man*.

[6] Un fenomeno affine a quello dello spaiamento degli albumi. Il nome "fantasmino" dato ad alcuni tipi di calze richiama evidentemente la loro tendenza alla sparizione.

[7] Scoiattopi o scoiattorattoli sono gli scoiattoli americani che hanno invaso le città, grigi e mannari si avvicinano alla gente nei parchi svelando la loro vera natura di topi ben vestiti, ratti che ce l'hanno fatta. I bambini li adorano.

problema è che ora, da casa, vediamo troppo, vediamo tutto. I dirigenti che si dimenano, i programmi svuotati di contenuti, la disperazione di chi vorrebbe fare il proprio lavoro, la petulanza di madri e padri, i bambini che mutano.[8] I ruoli sono confusi, non si capisce dove finisca la maestra inizi il genitore continui l'alunno, in una cordata dove ognuno ha bisogno di un insegnante di sostegno.

Ho trascorso giornate a fare lallalalalalla con le mani sulle orecchie per non sentire, per non paragonare i miei figli ai figli degli altri, per non fare battute in diretta. Per non ridere. Per non piangere. Ma non è servito a nulla, abbiamo riso e abbiamo pianto. Abbiamo riso quando Marta ha detto che la pianura dove scorre il Po si chiamava Fagiana, che gli ebrei durante la persecuzione nazista venivano messi in appositi laghetti, i laghetti ebraici, che prima della deriva dei continenti la Terra era circondata da una grande pancera.[9]

Abbiamo riso durante una lezione online sugli insetti, quando la maestra ha chiesto di fare alcuni esempi e, arrivati a Giulietto, erano esaurite le zanzare, le mosche e compagnia ronzante. Non gli veniva in mente proprio nulla, al povero Giulietto, e allora sono iniziati i suggerimenti: "Spesso entrano in casa, fanno un po' impressione e puzzano tantissimo" e lui ha sentenziato, tutto solenne: "I piedi."[10]

Abbiamo pianto dall'esasperazione nel fare i compiti. Ho rischiato di trasformare in uno stencil mio figlio maggiore, che

[8] Questa sarà ricordata come la generazione dei mutanti, nel senso che mutano il microfono sotto le continue richieste di chi fa lezione, ma soprattutto nel senso che spero sviluppino facoltà straordinarie per adattarsi alla nuova realtà.

[9] Pangea.

[10] Erano le cimici, ma Giulietto deve far parte anche lui della setta segreta dei lanciatori serali di calzini.

risponde "un attimo" a ogni mia richiesta.[11] Facciamo matematica? Un attimo. Due ore dopo si decide, si trascina alla scrivania, dove sente la necessità improvvisa di temperare e fare la pipì, lo mandi a temperare in bagno. Torna, raccoglie una gomma e fa cadere un portapenne, raccoglie il portapenne e cade il quaderno, sembro io di fronte allo stendino delle occasioni di Zara, quando le vestine di raso non ce la fanno proprio a stare sulle grucce e alla fine appallottoli tutto e via, solo che adesso vorrei appallottolare lui, nasconderlo sotto il tavolo, andare a letto e dormire, per risvegliarmi quando sarà all'università. Intanto le sue mani si ricoprono di uno strato colloso di petrolmerda, una miscela indelebile di inchiostri vari.

Ho pianto quando ho realizzato che Lorenzo, in cinque anni di elementari, ha cambiato sette maestre, Marta cinque, senza contare le supplenze. La sporca dozzina di docenti si è avvicendata su classi che risultavano sempre nuove, sempre da conoscere e subito dimenticare. So il nome dei sette re di Roma, me li insegnarono Nella&Irene,[12] ma non delle sette maestre di Lorenzo. D'altronde le sette maestre di Lorenzo non sanno chi è Lorenzo, non per mancanza di attenzione o per incapacità, ma perché fisicamente, con un turnover del genere, è impossibile creare un rapporto che non sia superficiale e superficiale nella scuola è sinonimo di fallimentare. L'insegnante non è un ruolo, è una persona. Conoscenza ha due valenze non per altro: si approfondisce la conoscenza di una materia, si approfondisce la conoscenza di un individuo. È un dramma quando la conoscenza esce dalla scuola e la

[11] Ogni volta che lui dice un attimo mi appare Anna Oxa che canta *Io vivo in mezzo tra due cuori, Io vivo dentro e vivo fuori, È tutto un attimo. Noiii solo noiiiiii.*

[12] Nella e Irene erano le mie maestre, un binomio indissolubile come orgoglioepregiudizio, delittoecastigo, poltroneesofà.

scuola è lasciata sulle spalle di pochi (che ci sono e sono i buoni, buone giovani precari pieni di entusiasmo, buoni professionisti di lungo corso che cercano di adeguarsi e imparare a usare i nuovi strumenti...), mentre la struttura crolla rovinosamente lasciando che le macerie si accumulino nelle nostre case.

La camera matrimoniale. Se di giorno si lavora al computer in salotto, che è il luogo dello smart working, la sera si lavora al computer in camera da letto per finire il lavoro non svolto durante il giorno in salotto. Il tempo paludoso[13] della procrastinazione rende complesso distinguere tra essere impegnati ed essere indaffarati, il lavoro è diventato lavorio, perché manca la concentrazione (un cambiamento già in atto nell'a.C. quando l'ufficio inseguiva la scuola che inseguiva il tempo libero che inseguiva la voglia di tornare in ufficio per sfuggire dal tempo libero e dai figli). Così si va a dormire con il computer, per finire, chiudere, rispondere a email, ma anche per guardare un film, una serie, tanto si possono fare due cose insieme. Io non sono più in grado di guardare un film interamente senza spippolare su Facebook, vedere una notifica su Instagram, mandare un messaggio, cercare online lo spoiler del programma che sto guardando ma che no, non mi sta coinvolgendo troppo. L'intrattenimento ha preso la china della semplice e vuota distrazione. Concentrazione, dicevo, ci vuole concentrazione anche per riposare.

Sono bastati pochi mesi di questa vita per non poterne più, nell'aprile del 2020 ho attraversato con la mia casa (quella per cui pago e pagherò ancora a lungo un mutuo inestinguibile) la crisi del settimo anno. Non era lei, ero io, ogni angolo mi rin-

[13] *Paluttossso.*

facciava la mia accidia, la polvere mi perseguitava. La polvere stanca, lo scrive bene Manuel Vilas nel suo *In tutto c'è stata bellezza*:

> Il tavolo su cui scrivo è pieno di polvere, siccome è di vetro la polvere riesce ad avere il suo riflesso, la sua immagine alla luce. In questa casa è come se le cose si sposassero con la polvere. C'è polvere sui bordi dorati del tostapane. Ci sono posti in cui la polvere non riesce a impedire la propria visibilità; è lì che puoi sterminarla: distruggerla, cancellarla dalla faccia della casa. Non mi sento capace né addestrato per pulire tutta quella polvere, e questo mi fa disperare e mi porta a pensieri nevrotici sulla miseria.

A me portava persino ad allucinazioni uditive. Dai tempi delle dimissioni del papa e della separazione, la ventola del bagno si era messa a parlarmi. L'avevo trovata afona al mio arrivo, dopo poco ha preso a gracchiare e poi a scatarrare peggio di un vecchio fumatore di Nazionali. Accendevo la luce e lei rimuginava, pare fosse imballata di polvere, guarda caso. Ammetto che ci siamo fatte anche tanta compagnia, abbiamo esaminato il mio corpo allo specchio, ci siamo viste cambiare. Soprattutto ha assistito ai miei tentativi di lavarmi. Sono certa che l'Apocalisse arriverà proprio mentre Dio si concede una doccia. Nemmeno il bagno è luogo del riposo. Basta che un adulto con prole apra l'acqua e nell'altra stanza si scatenano le forze di Sauron che attaccano il regno di Gondor, urla belluine si alzano al cielo, sotto forma di liti, richieste per fame, sete, connessioni ballerine, improvvisa voglia di fare i compiti e temperare matite.

La ventola sapeva chi ero, chi sono: una che non è in grado di alzare il telefono e chiamare un otorino laringoiatra per ventole e metterla a tacere, una che convive con i suoi sospesi, superiori alle pratiche processate. È un bilancio a perdere. Mi ricordava che dovevo togliere i vasi dell'orto-morto in balcone, dare da bere al fico e al limone.[14] Chi dice che l'amore va alimentato come una piantina non ha mai visto il mio fico e il mio limone, che hanno vissuto e vivono nonostante me, abbassando di qualche fogliolina le loro pretese stagione dopo stagione, ma dando ugualmente fiori e frutti. Si fa l'abitudine a tutto, anche al continuo peggioramento di ciò che già era ai limiti della sopportazione, mi diceva la ventola, si alimentano amori così, a dosi sempre inferiori, affamandoli. Sapeva essere molto saggia.

L'ho lasciata alla fine del 2020, senza rancore, e con lei ho lasciato la casa che continua a starle intorno. Per coerenza di metafora: ho alzato le pretese e dato nuovi frutti, mi sono innamorata, riamata. Vorrei dire che è stata una questione di scelta, che me lo sono meritato, ma non è così, non c'entra il merito, non c'entrano le attese ripagate, è successo e basta. Due persone[15] si sono incontrate, si sono unite e ne hanno fatta una terza (la piccola Andrea Ines); due famiglie si sono incontrate, si sono unite e ne hanno fatta una terza (siamo sette, in pratica i Bradford ma pettinati meglio); due appartamenti di proprietà si sono svuotati per farne un terzo, grande, in affitto.

Cosa sarà stato più difficile tra mettere al mondo una figlia a quarantadue anni, la costituzione di una famiglia allargatissima e la ricerca di un alloggio in affitto per contenerci tutti? Il tito-

[14] Al fico e al limone sale il Carducci: *Tu fior della mia pianta / percossa e inaridita / tu dell'inutil vita / estremo unico fior* intonano. Una cosa straziante.

[15] Mi pare ancora incredibile che una di quelle due persone sia io.

lo di questo capitolo dovrebbe fornire un indizio. Non avevo idea che esistesse un gergo da interpretare quando si sfogliano gli annunci immobiliari, non sapevo che *loft con giardino* indicasse, in realtà, un bar con dehors. Che *appartamento dotato di orto verticale* fosse un monolocale con macchia di muffa e muschio su muro. Alla sedicesima visita ho compreso che bisogna diffidare dagli aggettivi *particolare* e *unico*. Un agente un giorno ci ha detto: "E poi notate il sistema di illuminazione esterno, particolare nel contesto, può piacere o meno, ma è unico." Uscendo sul balcone sono stata sparaflesciata dalla scritta al neon Auchan, pure intermittente. Bisogna ricordare di non rispondere ad annunci che riportano *particolare mansarda adatta a studenti* nella descrizione perché si tratta di un sottotetto ad altezza Umpa Lumpa con scabbia in condivisione. Nel gergo non si parla di zone o quartieri, ma di contesti o realtà, tipo che la casa di Pacciani la vendono con la dicitura *particolare rustico in pittoresco contesto*. Anche *realtà unica nel suo genere* non promette nulla di buono, ti ritrovi ad affittare un simpatico bilocale a Chernobyl. È che non specificano il genere: genere Berlino maggio '45? Genere Kabul shabby chic? Può essere. Ci sono agenti immobiliari spudorati che negano l'evidenza e poi ci sono i miei preferiti, quelli che si vergognano, "io avevo judo oggi, ma mi c'hanno mandato," sembrano dire. E chi ti ha mandato? Mi ha mandato LA PROPRIETÀ. La Proprietà non è un legal thriller di Grisham, ma un'entità senza volto, il mastro di chiavi degli appartamenti di tutta la città. La Proprietà è irremovibile, crudele, irredimibile, non fa lavori, non dà il bianco, non fa sconti, odia i bambini e gli animali. Chi ha reso così crudele la Proprietà? Il Vecchio Affittuario, altro personaggio leggendario, ammantato di fantomatico mistero, spesso citato dagli agenti immobiliari. La Proprietà è rimasta scottata dal Vecchio Affittuario e fatica a fidarsi, a lasciarsi andare, a voltare pagina. Non fare così Proprietà, amati di più, sei più carina quando sorridi.

C'è voluto tempo ma alla fine abbiamo trovato quello che faceva per noi sette anche detti *7th Heaven*.[16] Si tratta di un terzo piano che guarda il fiume, dove pulire in pace le mie piume e dove continuare la saga dei tuorli, delle calze lanciate, delle docce interrotte, delle pareti crollate, dove alcuni mobili hanno perso la loro funzione originale. Nella culla di Andrea per esempio riposano solo i vestiti miei, di suo padre e dei suoi fratelli, perché lei dorme su di noi. Che siamo letto, sala da pranzo e zona gioco, aria relax e un bagno, un belvedere, un nascondiglio, un multilocale senza porte chiuse a chiave.

La mattina è Marta a svegliarla, le si sdraia accanto e insieme allungano le gambe, le braccia, sbadigliano, si sorridono. "Vi stiracchiate?" chiedo a Marta. "No, noi sbocciamo," mi risponde. Nella stanza la luce danza col pulviscolo. Dentro un raggio di sole che entra dalla finestra, talvolta vediamo la vita nell'aria. E la chiamiamo polvere.[17]

Mi torna in mente la questione di Dio, che il settimo giorno si è riposato e io no, continuo a citare Dio anche se non sono preparata sull'argomento, ma ho la certezza che non c'entrasse

[16] *Settimo cielo* è una serie televisiva anni novanta che ha per protagonisti il reverendo Camden (un mix tra il prete di *Uccelli di rovo* e Ted Bundy) e consorte (Farrah Fawcett fuori, Mamma Ebe dentro). I primi due figli sono usciti belli e infatti abbandonano la serie dopo poche stagioni, lasciando campo libero alle vicende della terzogenita, esteticamente accettabile fino ai sette anni quando improvvisamente muta in Chucky, la bambola assassina. Però, siccome è lei la protagonista e l'attrice non la possono cambiare per dovere di continuità col personaggio, tutti a trattarla come fosse una sventola da paura.

[17] Mi piacerebbe fosse mia, invece è di Stefano Benni in *Margherita Dolcevita*. E dovrebbe leggerla anche Vilas, è un bel modo per far pace con la polvere.

la stanchezza. Non si è fermato perché non ce la faceva più, si è riposato perché voleva contemplare quello che aveva fatto. Come si contempla il fuoco in un camino, la polvere nella luce, la vita in un bambino.

FATICA NUMERO 2. IL LAVORO

Di come ho scoperto che Confucio veniva pagato in visibilità e che, se sei imprenditore di te stesso, sei anche il direttore galattico gran mascalzon. lup. man. pezz. di merd. di te stesso.

Mio padre è nato nel secondo dopoguerra, in mezzo alla campagna piemontese. Figlio di contadini, ha dimostrato fin dall'infanzia un'attitudine rara per lo studio e le lettere, attitudine che, a differenza di quanto accadrebbe oggi, lasciava tiepidi i suoi genitori. È rimasto presto orfano di entrambi, prima se n'è andata mia nonna per un incidente d'auto, poi mio nonno per tubercolosi. La necessità l'avrebbe voluto muratore o operaio in un'azienda di polli dove effettivamente lavorò per qualche mese. È stato il fratello maggiore a sobbarcarsi la spesa dei suoi studi in città, lui ha ricambiato diplomandosi con il massimo dei voti. A diciannove anni era maestro elementare, a ventuno era laureato in Lettere moderne con 110 e lode e dignità di stampa. Un fuori classe in un mondo che dopo qualche anno sarebbe stato dei fuori corso.

Aveva forzato quella che il filosofo Byung-Chul Han chiama la *società disciplinare*, attraverso lo studio. Per società disciplinare si intende un sistema che ti dice più no che sì, che ti induce a sottostare a un dover essere esterno (per mio padre un dover scegliere il lavoro invece della scuola, un dover restare al paese per occuparsi di casa e campi e così via). La società disciplinare parla a un uomo che è soggetto di obbedienza. Il professor Tesio, grazie anche alla lungimiranza del fratello, ha opposto la propria volontà al sistema e avviato una carriera e, aggiungerei senza avere paura d'essere smentita, una vita felice.

Mia madre è nata in Toscana durante la guerra, emigrata a Torino nel '48, ha finito le superiori dalle suore, a ventun anni era maestra elementare. Ha assecondato la società disciplinare che prevedeva per lei una forma di indipendenza economica grazie a un'occupazione adatta alle donne. "Se tornassi indietro rifarei la maestra," dice a chi le chiede, poi aggiunge: "Non avrei potuto fare altro" e non è una resa. I miei genitori sono cresciuti come soggetti di obbedienza (di parziale disobbedienza nel caso del professore), hanno lavorato tanto, bene e con soddisfazione. Papà ripeteva ai suoi studenti e alle sue figlie che non invidiava i giovani, "troppa scelta," spiegava, "la mia strada mi è stata chiara da subito, ho solo dovuto seguire la mia natura, la mia inclinazione, ora invece è tutto confuso, slegato, vago."

Io (e i suoi studenti) non appartengo alla società disciplinare, ma a quella della prestazione, sempre secondo Byung-Chul Han sono un soggetto di rendimento e non di obbedienza. Non sono figlia del dovere ma del potere, del grande imperativo del nostro tempo, del se vuoi puoi. *Sii l'imprenditore di te stesso*, dice la società del rendimento. Sii il giardiniere del tuo giardino interiore, lo scrittore della tua storia, il guerriero della tua battaglia, il sindacato dei tuoi scioperi, lo stacanovista dei tuoi giorni festivi, il capro espiatorio del tuo ego, l'alunno dei tuoi insegnamenti, il professore della tua materia preferita, cioè te stesso. In pratica, sii capo ma soprattutto schiavo, pensando però di avere piena autorità, di potere tutto.

"Questo è molto più efficace dello sfruttamento da parte di altri, perché è accompagnato dalla sensazione di libertà. Lo sfruttatore è lo stesso sfruttato. Vittima e carnefice non possono più differenziarsi. Questa auto-referenzialità genera una libertà paradossale [...] in questa società dell'obbligo, ognuno porta con sé il suo campo di lavori forzati." Se sei l'imprenditore di te stesso sei anche lo stagista sottopagato di te stesso, ma soprattutto sei il criceto della ruota dei tuoi stessi desideri.

Trovo l'analisi di Byung-Chul Han particolarmente calzante, soprattutto per le conclusioni che ne trae rispetto all'uomo moderno: "L'uomo depressivo è quell'animale lavoratore che sfrutta sé stesso, volontariamente, senza coercizione esterna. La depressione si scatena nel momento in cui il soggetto di rendimento non ce la fa più [...] Il depresso è stanco dello sforzo di diventare sé stesso."

Leggo e annuisco, vorrei chiamare Byung-Chul Han e dargli ragione, anche se prima devo capire se il nome è Byung-Chul e il cognome è Han, oppure Byung è il nome e Chul Han è il cognome. L'ho cercato anche su Google per vedere che faccia avesse, sulla mia copia della *Società della stanchezza* non c'è il santino nel retro di copertina. Ho scoperto che è pure un bellissimo uomo, sessantatré anni portati a meraviglia, il viso intagliato ma fresco, forse l'unico essere umano a cui dona il codino.[1]

Sai Han, gli direi, i miei genitori in effetti non erano mai stanchi e ora so anche perché, perché si sapevano riposare. Prendi papà. Finché è stato in casa con noi, prima della separazione, mi ha buttata giù dal letto con il ticchettare della sua macchina da scrivere. Puntava la sveglia presto, intorno alle sei e mezza, e la sera cedeva per primo. D'estate, mamma portava mia sorella e me al mare, e lui restava in città a lavorare ai suoi progetti più impegnativi. Torino d'agosto negli anni ottanta era

[1] Sta certamente meglio che a Orlando Bloom.

il deserto ideale per dedicarsi alle antologie, agli apparati critici, alle note, alle prefazioni. Era la sua vacanza: la solitudine e i libri. Le ferie, ma lavorando. Ogni pomeriggio però, puntuale dopo pranzo, che fosse inverno, primavera, estate, autunno, si ritirava in camera e si sdraiava venti minuti. Venticinque se era festa. Dormiva[2] profondamente, mentre intorno io giocavo con le bambole, oppure mia sorella guardava la tv o, se eravamo dai parenti, gli zii chiacchieravano e ridevano. Allo scadere dei venticinque minuti saltava su, allegro. Vuoi sapere qualcosa di mio padre, Han? Io te la racconto. Mio padre è stato un perfetto manutentore del proprio animo e del proprio corpo e la me bambina lo ricorda soddisfatto e di buonumore. Non un compagnone e nemmeno capace di abbracciare il becero e lo scurrile. Negli spogliatoi i maschi si dividono in uomini che si incrociano in mutande e si fanno strizzare le palle e quelli che le strizzano, sempre per gioco naturalmente. Gli strizzatori fingono nonchalance fino all'ultimo, si avvicinano alla preda e poi, come si fa coi bambini a cui si ruba il naso, si piegano verso l'amico per impugnargli le palle. Mio padre non riesco a immaginarlo nel ruolo di strizzatore, ma posso vederlo, giovane imberbe, che si protegge le parti basse, urla no no e ride. Insomma uno che sa stare al gioco, anche se non gioca per primo. Uno che la cosa peggiore che gli puoi fare è scombinare i suoi piani, agitarlo, "Non si può mai star tranquilli" è la sua frase ricorrente di fronte a una notizia inattesa, che sia un piccolo incidente, un appuntamento saltato o un grosso dolore. Quella tranquillità lì, senza preoccupazioni, è il suo riposo, il riposo dei giusti, di chi fa quello che deve e lo fa al proprio meglio.

[2] Parlo all'imperfetto per dare maggiore enfasi, ma mio padre è vivo vegeto e sta meglio di me te, Han, e continua a spararsi la pennica pomeridiana.

Mia madre al lavoro era inarrestabile, da maestra la muoveva un'energia che a casa scemava, lo so perché ho frequentato da alunna la scuola dove insegnava. Era due persone diverse. L'allegria la teneva per gli allievi, a casa, dopo aver cucinato si sdraiava sul letto e dormicchiava per un paio d'ore, davanti al piccolo televisore della camera. Il riposo dei miei genitori era sacro, mai mi sarebbe venuto in mente di svegliare papà prima dei venti, venticinque minuti, oppure andare da mia madre a dire: "Mi annoio di là da sola, giochiamo." Quel tempo era loro, se lo erano meritato.

Veniamo alla mia generazione, Han, agli SDP[3] da manuale. C'è un passaggio in cui dici:

> Il soggetto di prestazione tardo-moderno non si dedica ad alcun lavoro obbligatorio. Le sue massime non sono obbedienza, legge e compimento del dovere, bensì libertà e libera volontà. Dal lavoro egli si aspetta soprattutto il raggiungimento del piacere e non dipende dal comando dell'Altro. Piuttosto, dà retta principalmente a sé stesso. Si svincola, così, dalla negatività delle pretese altrui. Questa libertà dall'Altro, però, non è soltanto emancipante e liberatoria. La fatale dialettica della libertà fa sì che quest'ultima si rovesci in nuove costrizioni.

Per me il nucleo di interesse in quel che sostieni sta in questa ricerca del raggiungimento del piacere attraverso la professione. Io sono cresciuta nell'epoca del fai della tua passione il tuo lavoro e non lavorerai. Questa assurda abitudine occidentale

[3] Soggetti di prestazione. La sigla l'aggiungo io per conferire scientificità a quello che è un punto di vista del tutto personale.

di prendere alla lettera gli insegnamenti orientali ha fatto più danni dell'amianto. La passione è per sua natura volatile, avvampa e si consuma, è passeggera e, soprattutto, se incanalata nell'abitudine non può che sopirsi e scomparire. Fai della passione il tuo lavoro e presto non avrai più una passione, questa è la versione più realistica della massima di Confucio.

Oltretutto, io non lo dicevo a nessuno ma non ero mica sicura di averla questa passione, magari ero nata senza, mi mancavano otto denti, due taglie di reggiseno e la passione. Non lo dicevo a nessuno perché un individuo senza passione era una persona banale, senza talento, il paria degli anni novanta. Ma il mondo là fuori aveva per me una soluzione alternativa: non sei in grado di riconoscere una passione cocente? Ok, allora almeno trovati un lavoro creativo. Passione e creatività vanno a braccetto nei discorsi motivazionali. Secondo me, Han, creatività è una parola chiave nel tuo trattato pur non comparendo mai. Tu sei un filosofo e io una direttrice creativa in un'agenzia di pubblicità, ma sarai contento di sapere che la mia esperienza seppur parziale non può che avallare la tua teoria.

C'è una scena in *This Must Be the Place* di Sorrentino che forse hai visto. Cheyenne, il protagonista, è al bar e chiacchiera con un avventore che gli dice di essere un tatuatore. Cheyenne sorride, "bel lavoro," dice, ma il tatuatore lo corregge perché "tatuare non è un lavoro, è un'arte". E il protagonista gli domanda, ma domanda soprattutto al pubblico: "Ci hai fatto caso che oggi nessuno lavora e sono tutti artisti?" Io ci ho fatto caso, Han. La creatività, la vena artistica e la passione ungono alla perfezione gli ingranaggi della ruota di noi stanchissimi criceti SPD.

Se lavorare stanca, creare esaurisce. Io sono dipendente da più di vent'anni, ci sono finita per sbaglio in un'agenzia di comunicazione dove cercavano una copywriter, dovevo laurearmi in Lettere, ma guadagnare (poco, Han, pochissimo!) dalla scrittura mi riempiva di orgoglio.

Da quando ho ricordo il settore pubblicitario me lo raccontano in crisi, come sono in crisi il settore cinematografico, l'editoria, il giornalismo, il teatro, la musica e tutti quegli ambiti in cui gente simile a me ambiva a realizzarsi. Mi sentivo l'ultima a essere salita sulla zattera del *Titanic*, l'ultima ad avere un contratto a tempo indeterminato tra co.co.co. o partite IVA, dalla scialuppa li vedevo i miei amici, attaccati a pezzi di legno galleggianti, a cassapanche ribaltate. Il paradosso è che, negli stessi anni in cui l'iceberg della precarietà si palesava, l'università italiana moltiplicava le iscrizioni per Scienze della Comunicazione e DAMS.

Ora ti spiego perché l'SDP da manuale secondo me lavora nella creatività. Perché gli si chiede (se lo chiede da solo in realtà, soprattutto quando è freelance) di non smettere mai, una volta che sei su un progetto devi pensarci, pensaci in ufficio se hai un ufficio, pensaci a casa, nei weekend, quando giochi coi tuoi figli se hai figli, quando corri e vai in palestra, quando esci con gli amici se hai amici. Cerca l'idea. Sviluppa l'idea. Ma ogni idea è relativa, perché viene vagliata e discussa da chiunque, anche dalla cugina con velleità artistiche del cliente. Non ti senti in diritto di riposarti anche perché c'è una componente ludica nel concetto stesso di creatività, non stai veramente faticando e non sei veramente soddisfatto perché a ogni nuovo brief ripartirai da zero ed è anche da questa coazione a ripetere che dipende la sensazione di pensarsi liberi (a maggior ragione se sono freelance che quel free ce l'ha nel nome) pur essendo schiavi. Schiavi delle proprie passioni e della prestazione creativa che è il motore di tutto, un motore ad ansia.

Un altro rischio nel fare entrare il concetto di "piacere" nella propria occupazione, l'estro nelle diverse professioni, è che si finisca per non avere più mestieri, ma espressioni artistiche. E, si sa, i mestieri vanno pagati, mentre le arti portano gloria e visibilità. La confusione sta qui, nella demonetizzazione della creatività. In questo senso aveva ragione Confucio: fai della passione il tuo lavoro e non lavorerai, perché nessuno ti pagherà il dovuto.

Mi torna in mente la quarta ginnasio. Tutte quelle materie nuove e ogni giorno qualcuno che ti faceva delle domande, talvolta pure in lingue morte te le faceva le domande, ti verificava in idiomi dimenticati. Una mattina ebbi un giramento di testa e mi portarono in infermeria. L'infermeria era una panca vicino alla presidenza. Me ne stavo sdraiata e c'era questa donna, forse una segretaria che chiamava la figlia a casa e poi scriveva e muoveva fogli, conosceva il suo lavoro di automatismi, nessuno la interrogava, la verificava, ogni tanto scambiava qualche battuta con la collega, ricette, film visti. Così, sdraiata, in silenzio, la ascoltavo muoversi nella sua vita accogliente e desideravo con tutto il cuore essere lei. Non sono mai stata lei, non riesco a cercare la routine per evitare l'ansia, perché poi finirei per morire di noia. Però ci torno spesso con gli occhi chiusi sulla panca a fantasticare di mondi semplici dove non esiste l'eterna ricerca della soddisfazione, una soddisfazione che, anche una volta ottenuta, dura poco e mi lascia affamata e subito vuota. Mondi semplici dove non esiste neppure la sindrome dell'impostore di cui tanto si parla e di cui sono affette soprattutto le donne.

Che cos'è lo spiega il nome stesso, le persone che ne soffrono si convincono di non meritare il successo ottenuto, perché il loro riconoscimento dipende dalla fortuna, dal tempismo, oppure dalla sopravvalutazione degli altri, ma non da un'effettiva capacità personale. Mi suona così familiare. Mi suona così familiare che mi spingo a estendere questo tipo di insicurezza emotiva anche alla sfera sentimentale, con effetti paradossali sulle relazioni.[4] Provo a riassumere ciò che si muove nella mente di un'impostora emotiva, estremizzo, ma nemmeno troppo.

Lui ti[5] ama e visto che ti ama è il caso di mettere in dubbio la sua intelligenza. Se fosse intelligente saprebbe chi sei e non ti amerebbe o forse ti amerebbe con riserva, controllando le vie d'uscita. Se ne deduce che quelli che dicono di amarti e ti restano accanto appartengano a tre categorie: gli stupidi, i bugiardi e gli sprovveduti che presto si renderanno conto dell'errore commesso e rinsaviranno. I presunti stupidi verranno archiviati; i presunti bugiardi (di solito amanti, mariti di altre) non resisteranno alla pressione del tempo; i presunti sprovveduti saranno oggetto di sabotaggio, fino a quando ammetteranno che sì, non era amore o, se lo era, lo era e ora non è più.

Poi c'è chi non ti ama. Chi non ti ama merita il tuo interesse a prescindere, non foss'altro perché è onesto, giusto, lucido, sano di mente. Sa la verità. Ti conosce ed è per questo che è costante e affidabile nel tenerti a debita distanza. Questa distanza talvolta si accorcia, è vero, il lui che non ti ama in realtà dimostra di trovarti interessante, è attratto (hai la sindrome dell'impostore non sei una mitomane masochista), ma non abbastanza da sceglierti. Non sei quella che esclude tutte le altre, perché questo fa

[4] Questa digressione starebbe meglio nel capitolo "Fatica numero 11. L'amore", ma sarà talmente lungo e noioso e pieno di ex e lacrime e recriminazioni e psicocazzate che so già mi mancherà lo spazio.

[5] Mi do del tu ogni volta che voglio prendere le distanze dalle cose che penso e che vivo.

l'amore quando arriva, chiede l'esclusiva. È chiaro che tu non sarai mai abbastanza, ma soprattutto è chiaro che tutta la fatica del mondo, l'energia, l'impegno, non serviranno a conquistarlo, è oltremodo chiaro che farai tutta la fatica del mondo, investirai tutte le tue energie, ti impegnerai senza riserve, per arrivare a dimostrare di avere ragione. Per arrivare a dimostrare che alla fine fai bene a rimanere quella di sempre. Quella sola. La grande autotruffa sta proprio qui, nel pensare che invece da sola tu sia libera e indipendente, mentre da sola, sei semplicemente sola: ami da sola, costruisci, distruggi, cementifichi le tue certezze da sola. Han, che dici di aggiungere un capitoletto "Soggetto di Prestazione Amorosa" al tuo saggio? Ho del materiale.

Tornando alla confusione tra lavoro e passione. Il mio vecchio capo, quando avevo un'intuizione su un brief, mi diceva: "Ok, giocaci a casa" e intendeva coltiva la tua idea, sviluppala finché non è pienamente convincente. La creatività è ricreativa e quindi non necessita di vero riposo, non quello che si meritavano i miei genitori, almeno. D'altro canto usiamo la parola "lavoro" per indicare azioni slegate dall'ambito professionale. Mi echeggia in testa l'espressione "sto facendo un lavoro su me stesso", echeggia perché l'ho sentita in decine di conversazioni, è uscita dalla mia bocca, è entrata nelle mie orecchie, ho solo amiche e amici che si dicono impiegati presso la propria sanità mentale, non c'è niente di male, eh,[6] ma mi pare sia un ulteriore carattere del profilo SDP.

Esaurite le riflessioni integrative alla *Società della stanchezza* e a ciò che direi al mio amico immaginario Han, restano le riflessioni per me.

[6] O forse sì, c'è qualcosa di male, di male c'è che lavorare su sé stessi presuppone non lasciarsi mai in pace.

Ho un collega che tiene un documento di Word sul computer, l'ha nominato IN CASO DI BISOGNO. Ogni volta che si sente giù lo apre e legge un elenco di cose che lo dovrebbero rimettere in pace con il mondo. Non è una trovata particolarmente rivoluzionaria, le liste sono intramontabili. È una pratica da film, lo fa anche Woody Allen alla fine di *Manhattan* quando menziona tutto ciò per cui vale la pena vivere.[7] Io non sono brava a parlare a me stessa né attraverso gli elenchi, né tramite i file Word, però voglio provare ad appuntare qui delle frasi che hanno contribuito a trasformarmi in una persona che non sa riposare, un'SDP. Aforismi, modi di dire che sembrano innocui, all'apparenza semplici luoghi comuni, ma è pur vero che ci sono luoghi comuni davvero mal frequentati.

Il primo tormentone è *tutti siamo utili, nessuno è indispensabile*. Di solito lo afferma qualcuno che si sente indispensabile. Sono diventata grande con questa spada di Damocle, il precariato fatto massima di buon senso. A pensarci, è il concetto stesso di utilità a essere strumentale e cinico. Nelle mie prime due maternità ricordo un mix di ansia e gioia, la bolla con i bambini mentre il mondo va avanti, nella speranza che vada avanti non troppo bene senza di me. È solo un esempio, ma vale per spiegare l'insinuante e persistente senso di colpa di chi resta indietro, mi correggo, di chi potrebbe restare indietro. Non so se sia la vecchiaia, ma oggi il pensiero di non essere indispensabile mi pare un privilegio, una liberazione: dimenticatemi, sostituitemi, al mio posto metteteci un gorilla che comunica con i segni, una bambola gonfiabile, uno spaventapasseri, fate un po' voi, avrete

[7] La sua lista: Groucho Marx, Joe DiMaggio, secondo movimento della sinfonia *Jupiter*, Louis Armstrong, l'incisione di *Potato Head Blues*, i film svedesi, *L'educazione sentimentale* di Flaubert, Marlon Brando, Frank Sinatra, le mele e le pere dipinte da Cézanne, i granchi da Sam Wo, il viso di Tracy.

i vostri motivi. Voglio appuntarmi a futura memoria che se ho un posto che penso costantemente di poter perdere, che sia un posto di lavoro o un posto nel mondo, allora non è il mio.

Il secondo luogo comune è che *gli esami non finiscono mai.* Questo mi ha creato la sindrome di Irene Cara[8] o anche detta del *What A Feeling*. Quando faccio qualcosa di impegnativo mi parte la colonna sonora di *Flashdance* e mi si materializza l'ingessatissima commissione del balletto finale, con il tipo che fuma il sigaro, il nerd raffreddato, la segretaria secca con la puzza sotto il naso… sono tutti lì a guardarmi dall'alto in basso, un poco annoiati, un poco schifati. Ma perché non dovrebbero finire gli esami? Io imparo anche senza esami, lo giuro, leggo un libro anche senza interrogazione, per dirne una, non ce la faccio a pensare alla vita come a una performance continua con le palette dei voti. Non ce la faccio più a tenere questi orribili scaldamuscoli.

Poi c'è *ti insegnano a non splendere. E tu splendi invece.*[9] Lo so, è Pasolini, lo so, suona bene, non so però se a Pasolini piacerebbe essere citato in un meme attribuito a Mafalda o a Linus. Non mi convince la retorica che ne è nata intorno, questo antagonismo tra te, l'incompreso dal potenziale infinito, e gli altri, questi Loro, una congiura di cattivoni, sporchi, brutti, con la faccia dell'odiata prof di italiano delle superiori. Loro ti limitano, ti tarpano le ali, ti impediscono di esprimerti. Non sei tu ad aver sbagliato clamorosamente obiettivo, ma il mondo a non vedere la tua luce. Favorisco un estratto di un dialogo plausibile tra lo Splendente e gli Spegnenti:

[8] Siamo il secolo delle sindromi, io me ne diagnostico una al giorno in abbinamento al vestito che indosso.

[9] A corollario aggiungerei anche *fai della tua vita un capolavoro*. Ed è un attimo che il capolavoro sia la *Merda d'artista* di Manzoni.

"Ciao, t'abbiamo visto sai, non ti azzardare a splendere eh!"

"Come no? Ero giusto qui addobbato con tutte le mie lucine Ikea..."

"Mi spiace, abbiamo già acceso la lavatrice e il forno elettrico, se ti ci metti anche tu poi il sistema va in sovraccarico e salta l'interruttore generale."

"Ma guarda che quest'estate, con tutti i condizionatori accesi, una volta ho splenduto, cioè ho splesso, no... come diavolo è il participio passato di splendere?"

"Splendere è difettivo, vedi che facevamo bene a darti tre nel tema alle superiori, non esiste il participio passato di splendere, quindi spegniti subito."

"Un piccolo cero alla Madonna posso accenderlo almeno?"

"Sì, nel tuo caso ci sembra molto appropriato."[10]

Per chiudere l'ultimo discutibile imperativo: *se hai ottenuto un successo vuol dire che era facile.* Vorrei invece imparare a non sminuire il risultato. Imparare a vincere qualche volta, senza pudore, senza timore che gli dei mi puniscano. Imparare l'alternanza, scoprire che ci sono momenti e momenti, non un'eterna logorante rincorsa. Il valore della medaglia lo decidi tu (io), ma è bene baciarla e alzarla al cielo, quando ti (mi) capita di averla al collo.

[10] Questo dialogo è ancora più ridicolo se letto alla luce del trattato di Byung-Chul Han, perché diventa lampante che ognuno di noi è sia splendente che spegnente.

FATICA NUMERO 3. I FIGLI

Dell'amore che porto ai miei bambini, che è pesante e servono due mani, una schiena forte, muscoli e determinazione. Di come l'amore che porto ai miei bambini seghi le dita e di tanto in tanto mi debba persino fermare lungo il cammino e respirare.

Lorenzo mi dorme accanto in un lettino di vimini che è stato già di suo papà. È il 2011, ho poco più di trent'anni e quando qualcuno dice che il bambino assomiglia a me faccio pace con la mia faccia. I genitori si combattono la somiglianza dei figli, non lo dicono esplicitamente, ma c'è un dominio genetico da difendere, la supremazia di una famiglia o dell'altra. Montecchi e Capuleti avrebbero continuato a litigare sui lineamenti del figlio di Giulietta e Romeo. Il mio DNA e quello di Matteo si sono spartiti Lorenzo senza troppa fantasia: dal collo in su me lo sono preso io, dal collo in giù lui. Sorride, guarda, spalanca gli occhi come me. Cammina, corre, si muove nel mondo come Matteo.

Mi sveglio, ho un pensiero che non riesco ad allontanare, più che un pensiero è un dubbio. Se fossi obbligata a riconoscere Lorenzo dalle sue mani, forse mi sbaglierei. Non ho guardato con sufficiente attenzione le sue dieci dita, i palmi, le linee della vita.[1] Il perché dovrei essere obbligata a riconoscere mio figlio dalle sue mani lo ignoro, ma la fantasia angosciosa che mi ha svegliata ha i tratti confusi di un gioco drammatico

[1] Ci sono già le linee della vita su una mano così piccola?

e sadico da campo nazista e insieme da quiz televisivo anni novanta. Tanti neonati completamente coperti, madri a cui vengono mostrate solo le mani e da quelle devono dire è lui, è il mio. Mi alzo sudata, prendo Lorenzo in braccio e lo porto nel letto, gli perlustro tutto il corpo millimetro per millimetro, lo studio e dopo averlo studiato lo ripasso, poi compio la stessa operazione a occhi chiusi, tastandolo e accarezzandolo per impararne la consistenza. Alla fine lo annuso, anche se dell'olfatto sono più sicura. Mi fermo solo quando sono certa di saperlo a memoria, poi lo bacio e gli auguro la buonanotte, a lui che non ha mai smesso di dormire, ed è una cosa sciocca e tenera augurare la buonanotte a qualcuno che dorme già.

Quiz nazisti che esistono solo nella mia testa, anche di questo sono fatte le notti da madre. Di preoccupazioni più o meno fondate, per quanto ci sia da discutere sulla fondatezza dell'idea stessa di preoccupazione. A rigor di logica occuparsi in anticipo di qualcosa che non si è ancora verificato è fatica inutile, energia mal riposta. Eppure mi dico: se immagino e mi preparo mentalmente a tutte le evenienze sarò in grado di scongiurarle o, quanto meno, di parare il colpo. Parallelamente concepire il peggio, visualizzarlo, mi fa orrore perché mi pare di invocarlo. Sarà per questo che mi è insopportabile leggere fatti di cronaca se c'è l'infanzia di mezzo, per un'ipersensibilità certamente, ma anche per una forma vergognosa di scaramanzia, perché ogni bambino è il tuo bambino e quello che può succedere a ogni bambino può succedere al tuo.

"Non hai figli, non puoi capire" è una frase odiosa quanto vera, ma solo se si aggiunge una precisazione, una postilla. Non hai figli e quindi non puoi capire la fatica della paura. Una persona senza figli se teme il peggio teme un orrendo accidente senza nome che può capitare a lui e ai propri cari. Un padre e una madre se temono il peggio temono un orrendo accidente senza nome che può capitare al loro bambino.[2] Che il peggio accada ai tuoi figli è il peggio che possa accadere.

Mi si perdoni il tono da melomamma, tornerò a parlare della fatica buffa, divertente, comica tra qualche pagina, della fatica pratica, autoinflitta, egocentrica. Ma vorrei soffermarmi sulla fatica della paura, quella non ha riposo, unisce le generazioni, non riguarda la modernità, è uguale a sé stessa nel tempo.

La prima volta che sono rimasta incinta avevo ventisette anni. I figli quando sono voluti si dice che vengano cercati, come un tesoro in fondo al mare, come qualcosa che è già e tu devi solo andare a trovare. La prima volta che sono rimasta incinta non stavo cercando un figlio. Cercavo il corpo di Matteo e il corpo di Matteo cercava il mio. Eravamo innamorati, così innamorati da poterci concedere il tormento, che costruivamo noi con dubbi inesistenti. Ancora mi sorprende quanta resistenza si possa fare ad accettare la felicità.

Andate e moltiplicatevi dicono le Scritture. L'amore è forse questo, moltiplicazione, di interessi, di energie, di voglie e desideri, di dubbi inesistenti. Noi non ci completavamo, ci moltiplicavamo, il tempo non bastava mai, non bastavano le parole e infatti ne inventavamo di nuove, un linguaggio tutto nostro, e alla fine abbiamo inventato anche un bambino. È diverso il sesso che crea vita? Quella sera a casa mia abbiamo fatto l'amore diversamente dalle altre forse cento, duecento volte prima? Siamo scesi a cercarci a occhi chiusi in acque più profonde e remote?

[2] Mia nonna chiamava mia mamma "la mi' cittina" (la mia bambina in toscano). La sua cittina aveva settant'anni.

Eravamo da me, lui stava ancora dai suoi, non gli piaceva quel mio appartamento dove avevo già convissuto con un altro uomo. Ogni stanza era dipinta di un colore diverso, la camera da letto azzurra, la cucina gialla, il bagno verde. Sulle tacche pantone era sembrata una buona idea, ma una volta tinteggiato si era rivelata una scelta bizzarra, l'azzurro era turchese, il giallo arancio, il verde era acido. Avevo letto che l'azzurro era riposante, il giallo doveva mettere appetito, il verde non so, far venire voglia di lavarsi forse.

Sono rimasta incinta nella stanza azzurra, di un maschio, se avessi scelto il rosa sulla tacca pantone sarebbe stata una femmina. Si possono fare mille elucubrazioni sul momento del big bang, quello che crea una nuova vita, basta modificare un particolare e il futuro cambia. Se torno nella camera azzurra vedo questi due ragazzi, lei è nata arrabbiata, lui no. Lei non cede, lui sì. Lei chiede, lui risponde. Lui dà, lei prende. Lui è dentro di lei, lei è da un'altra parte, forse negli abissi, cerca qualcosa, è un palombaro, trova un figlio. A luglio il Mondiale è stato vinto dall'Italia, lei dice ti amo per prima, lui lo scrive nelle pagine di un libro, un appunto, una nota a margine. Un ti amo a sorpresa a pagina 92. Lui piange quando le lineette del test diventano due, lei ride pensando che presto sarebbero stati tre. Poi a moltiplicarsi sono i progetti: una nuova casa dalle pareti crema e i termosifoni rossi, nuovi mobili, un lavoro più stabile, si moltiplicano le reazioni dei parenti e degli amici. Siete giovani per avere un figlio. "Mia nonna a ventisette anni aveva partorito tre volte," risponde lei. Non sono giovani per avere un figlio, sono giovani per vederlo morire.

Nasce senza vita, al sesto mese, a tradirlo è il cuore. Chissà cosa è andato male nel big bang, chissà quanti universi non ce l'hanno fatta prima che nascesse il nostro, con le galassie, i pianeti e la minuscola e insignificante Terra. Lei partorisce da sola in una stanza bianca. Il bianco da allora le fa venir voglia di scomparire.

Della mia prima gravidanza non resta nulla. Matteo aveva scattato tre foto, io di profilo con un accenno di pancia e poi la pancia più piena e poi tonda. Dopo il fatto, ci rubarono il vecchio computer e fu il mio primo pensiero: ora non ci sono più tracce di lui. Non l'ho mai detto ad alta voce ma credo che anche Matteo avesse rivisto mentalmente le tre foto con la pancia accennata, più piena e poi tonda, non ne parlammo, mi sentivo così inconsolabile da non voler essere consolata. La tristezza ha a che fare con una mancanza, mentre il dolore ha a che fare con una perdita. La perdita è lancinante, definita e purtroppo spesso definitiva, ha nome e a volte anche cognome. La mancanza no, è uno spazio bianco, un vuoto. A volte il dolore diventa tristezza, è quando la perdita diventa mancanza. Sono stata triste a lungo. Si può raccontare in molti modi un lutto perinatale, c'ho provato spesso, senza risultati. Ogni parola che buttavo nero su bianco non dava l'idea di quanto buio fosse il nero e di quanto vuoto e accecante fosse il bianco.

Matteo voleva andare avanti velocemente, lo aveva seguito il mio corpo che era rientrato nei vestiti preparto, il latte era andato via quasi subito con qualche pillola. Avevo ventisette anni e mi sentivo decrepita. *Toda joia toda beleza*, cantava la radio, al mondo non frega niente che tu muori, a me non fregava niente quando a morire erano gli altri. È la regola. Non avevo voluto nessuno in ospedale e allora mia madre era andata da mia nonna, si erano chiuse in camera, lontane dagli uomini ed erano state in silenzio, commosse. Il bambino della loro bambina. Fu il funerale che ci fu concesso, quelle due donne lontane e vicinissime, che non si erano davvero conosciute ma che conoscevano quel dolore. Ora capisco che mia madre piangeva perché il peggio era successo a me e non a lei. E non l'aveva messo in conto, non era stata abbastanza brava da preventivarlo, figurarselo, annientarlo prima.

Mia nonna invece piangeva per sé, per la sua storia. Capitava che facesse riferimento alla sua prima notte di nozze e nella mia mente partiva un film muto. Nonno con i baffi e la tuba è il mago, l'illusionista, nonna è l'assistente che sorride nella sua scatola. È una giovane donna, forse il trucco la invecchia, porta i capelli raccolti in uno chignon e nella scatola ci è entrata volontariamente, la testa e i piedi spuntano agli estremi, lei guarda di lato, verso il pubblico, in attesa di essere infilzata. Sorride perché sa che le spade non tagliano davvero, entreranno e usciranno, eppure le labbra sono tese: si vedrà il sangue una volta sfilata la lama? L'illusionista trafigge, solenne, lei continua a sorridere. Il sesso degli antenati me lo immaginavo come un teatrino dove la donna non godeva, ma sorrideva compita, strizzando gli occhi finché tutto non era finito. Mia nonna Luisa, al compimento dei diciannove anni, si era sdraiata nella scatola e aveva sorriso, era la prima notte di nozze. Il marito aveva i baffi e l'uniforme, una licenza matrimoniale durante la guerra, l'aveva scelto, l'amava, non a tutte andava così bene. Tra il pubblico, ai piedi del letto, i fantasmi dei parenti che attestavano la regolamentare perdita della verginità. Lei era vergine in molti modi e in molti modi lo sarebbe rimasta, nonostante il sesso, i figli, la guerra, la morte intorno, avrebbe mantenuto anche in tarda età la sua natura di bambina sguaiata e ingenua. *Entra nella scatola e sorridi, non aver paura del dolore, è un dolore che non fa veramente male. Devi avere paura solo della vergogna nel caso la spada non esca insanguinata.* È la macchia che ti rende pulita, il tributo che suggella il giuramento finché morte non vi separi. Nelle vene di mia madre e nelle mie scorre quel sangue mescolato.

Alla seconda licenza il piatto teatrino dell'illusionista e dell'assistente era crollato, con l'arrivo della dimensione corporale, nei comodini della camera matrimoniale tenevano due vasi da notte dove al buio svuotavano le vesciche, lui senza nemmeno scendere dal letto. Luisa rimase incinta proprio in quelle poche ore, dopo nove mesi nacque Italia, era il 1941, visse un giorno appena e fu pianta per novant'anni. Mio nonno dopo averla baciata la dovette portar via, in una scatola. Dopo Italia, ci fu Maria Rita (mia madre) e poi seguirono Marianna, Luciano, Claudio.

Per me ci sono Lorenzo, Marta e Andrea Ines, che mi hanno curato da tutto, dalla tristezza, dalla mancanza, ma non dalla paura. Perché la fatica della paura, come l'amore, si moltiplica.

Nel 2013 ho aperto un blog che ha avuto incredibile successo e che, tra l'altro, mi ha portato qui, a scrivere queste righe. Ho ricevuto un numero di messaggi, lettere, chat che non saprei quantificare, ma c'è un'email a cui ripenso quando mi sveglio di notte perseguitata da quiz nazisti. Me l'ha scritta una donna, si presentava in qualità di mia lettrice ma sarebbe diventata una famosa autrice di romanzi di lì a qualche anno. Il messaggio era di apprezzamento, amava il mio stile e la profondità di pensiero, ma si augurava che abbandonassi presto il tema della maternità e mi dedicassi ad altro, là avrei dato maggiori frutti. Lei non era madre, mi spiegava, non aveva mai desiderato esserlo, l'argomento la annoiava a morte. Non ricordo cosa le risposi, probabilmente che facevo quel che potevo, ma che ci avrei pensato su. Come avrei potuto spiegare a una sconosciuta che scrivere era il modo che avevo trovato per riposarmi dalla paura? O peggio, come avrei potuto dirle che non scrivevo per lei, né per un lettore ideale, ma per quella ragazza della camera bianca? Non avrebbe capito.

La stanchezza della paura la si copre solo con infinite stanchezze più piccole su cui è più facile concentrarsi. I compiti del genitore. Se porti a termine i tuoi compiti con dedizione sarai in salvo dal peggio, una buona madre è soprattutto una madre diligente, sembrano suggerirti i consigli dispensati dalla panettiera, dall'anziana vicina di ombrellone, dalla suocera, dalle amiche, dall'esperto.

Penso alla mattina, la mattina da madre single con due figli piccoli era il momento più complicato. Mettevo cinque sveglie per il piacere di ignorarne tre, alla quarta mi facevo la doccia, alla quinta convincevo Marta e Lori a smettere quello che otto ore prima li avevo implorati di iniziare a fare: dormire. Per Marta era una questione personale, "Perché?" mi chiedeva, stringendo le coperte al petto con ferocia, "perché a me?" Lorenzo proprio non aveva reazione, si faceva del peso specifico del martello di Thor, quello che alza solo Thor e io non sono Thor. Lo ammetto, è successo spesso che l'abbia vestito io mentre dormiva e mentre la Montessori si impossessava del lenzuolo di Marta per impersonare il fantasma della pedagogia defunta. Si lavavano la sera, la sera avessi potuto gli avrei fatto fare anche colazione per rubare qualche minuto al giorno dopo. Alle otto e un quarto eravamo miracolosamente tutti e tre vestiti male, pettinati coi petardi, arrabbiati come iene, ma sulla porta. Ed è lì che avvenivano i peggiori imprevisti, la famosa soglia di allerta. Per la soglia tenevo le mie migliori imprecazioni in modo che tutta la scala sapesse e il mio pubblico mi applaudisse.

Anche le attività ludiche, prevedono sforzi fisici e mentali titanici, accettabili proprio perché sono lo scotto da pagare per far tacere la paura.

Parto da un esempio semplice, dalla piscina. Che uno dice che ci vuole a portare i figli in piscina? Arrivo, cambio, esco, lui (lei) nuota, faccio ciao ciao dagli spalti, rientro, doccia, asciugo, esco. Ho visto sbarchi di truppe meno cruenti, lo assicuro. Tutto inizia nell'anticamera: ci sono quaranta bambini per una panchetta da due culi, e una puzza terribile, perché è dura da accettare ma i bambini puzzano, anche quegli angioletti con le scarpette di *Frozen*.

La panchetta è occupata da una nonna da due culi e dalla sua borsa, ella sceglie di spogliare e cambiare integralmente qui il proprio nipote, si porta avanti, l'esperienza l'ha resa scaltra e prepotente, la guardi con un mix di odio e ammirazione. Nella lotta a portarsi avanti vincono comunque le accompagnatrici che conducono i rispettivi Rocky Balboa già in accappatoio, li hanno cambiati sulle scale, forse in macchina.

Entro. Lo spettacolo è spaventoso. Nella palude si muovono orde di bambini incaprettati nelle loro medesime mutande e costumi da bagno interi. La sacerdotessa delle nebbie di Avalon, ovvero l'inserviente con lo straccio, si sposta nell'umidità, l'umidità è il suo elemento naturale, e insulta le accompagnatrici inesperte. Alcune si coprono le scarpe con sacchetti dell'immondizia e si aggirano come i chirurghi di *E.R.* La pressione e il nervosismo sono in effetti ai livelli di un pronto soccorso, bisogna fare in fretta o i bambini evaporeranno.

Mio figlio ha fatto la doccia preventiva, ha sentito scrosciare le cascate, ha visto scorrere fiumi cristallini, ha risposto tre volte no alla domanda "Devi andare in bagno?", ma appena i suoi piedi toccano la pozzetta per entrare in vasca scatta la voglia pazza di far pipì. Si torna indietro, avevo già srotolato i pantaloni ed è subito 1995, quando alla prima pioggia mi aggiravo per sei ore con i jeans a zampa bicolor e i polpacci gelati. La moda dei risvoltini l'ha inventata la madre di Phelps.

I pargoli guadano tutti la pozzetta e sono dall'altra parte. Fine primo round. Tiro il fiato, ingenua che non sono altro.

Dopo quarantacinque minuti esatti siamo tutte insieme schierate, le mondine di *Riso amaro*. In faccia una smorfia disperata, in mano il bagnoschiuma, lo shampoo e la spazzola con la prolunga per lavare la macchina. C'è acqua ovunque, arriva dal cielo, dai lati e dal basso. "Aprite i rubinetti tutti insieme, per Dio," urla la nonna due culi, se non si fa così è impossibile raggiungere una temperatura tollerabile. Purtroppo qualcuno in bagno tira lo sciacquone e i bambini sono bolliti, cose che capitano, bisogna proseguire.

A metà delle grandi manovre Lorenzo mi guarda e mi dice che deve fare la pipì. "Ma di nuovo? Ma non puoi farla lì sotto? Tanto lo sappiamo tutti e due che presto farai l'elicottero nella doccia." Ma il giorno del decollo non è oggi, oggi ha deciso che è pudico e deve farla nel bagno. E prego che non gli scappi anche altro perché se si siede tutto insaponato e sgusciante finisce dritto dritto nello scarico e ciao primogenito.

La tappa al bagno mi costa caro. I fon sono tutti occupati dalle madri di Rapunzel, bambine ipertricotiche con la capacità assorbente di un mocio vileda. Alcune stanno facendo la piega a Valerio Scanu.[3] Infilo mio figlio tra due postazioni, la seconda classe dei fon da muro, prendo il calore usato. Mi rendo conto

[3] Valerio Scanu compare di tanto in tanto nelle mie fantasie, sempre in ruoli inquietanti.

di avergli lasciato un chilo di schiuma in testa. Meglio, così si secca prima.

Sono devastata. Ma c'è ancora la borsa da chiudere. A casa avevo diviso ogni indumento in sacchetti e scomparti, ora ho solo voglia di fuggire, butto tutto dentro in un bolo di bagnoschiuma, stoffa, ciabatte e calze. È finita. Ho perso sei chili. Il nuoto è lo sport più completo.

Alla fatica dello sport per interposta persona si somma la fatica della festa. Le elementari sono un lungo periodo tempestato di compleanni, fortunatamente più si cresce più si riduce il numero di inviti. In prima sono previste celebrazioni con volo Alitalia verso la ludoteca allestita in mood Coachella.[4] Per il secondo anno vanno forti i party all'aperto in un giardinetto della città con i genitori che si sono studiati i tutorial per fare i palloncini e alla fine tutti i compagni si sfidano a duello incrociando delle spade falliche inquietanti che sembrano mega Durex sgonfi. Il terzo anno l'invito è esteso a pochi amichetti per una merenda dopo scuola in un giorno rigorosamente infrasettimanale, meglio se durante un'epidemia (che tanto quelle non ci mancano) così c'è meno gente, pane e Nutella e pedalare. Il quarto anno mandi il bambino a scuola con un pacchetto di Fonzies in borsa e una bottiglia di chinotto sgasato e "festeggia nell'intervallo con chi ti pare". In quinta elementare prendi da parte tuo figlio e gli fai il discorsetto: "Ma a dieci anni ancora vuoi far festa? Io alla tua età ero già emo."

"I figli invecchiano," inizia così un famoso monologo del compianto Mattia Torre, "ma non invecchiano loro. Invecchiano te. I figli ti invecchiano perché passi le giornate curvo su di loro e la colonna prende per buona quella postura; perché parli

[4] I Ferragnez hanno fatto scuola.

lentamente affinché capiscano quel che dici e questo finisce per rallentare te; perché ti trasmettono malattie che il loro sistema immunitario sconfigge in pochi giorni e il tuo in settimane; perché ti tolgono il sonno per sempre. Assonnato e curvo, lento, acciaccato, sei nella terza età." Ti invecchiano, ti stancano, ti affaticano, ti terrorizzano, sono la malattia ma sono soprattutto la cura, perché ti offrono un'interpretazione unica del mondo che proprio loro ti hanno messo sulle spalle.

Marta mi insegna la meraviglia e il conforto, ha un talento naturale per gli abbracci, non si appende, conduce lei la danza, cinge, non stringe, e dà piccole pacche con la mano sulla schiena, il pat pat dei cartoni. Me lo faceva quando aveva pochi mesi per darmi coraggio, credo. L'altro giorno, attraversavamo il corso davanti a casa: "Ti ricordi quando raccoglievi i fiorellini in mezzo alla strada? Mazzi di fiorellini bellissimi!" mi ha chiesto. Non ricordavo, ho tagliato corto: "Sì." Magari si riferiva a qualche margherita presa da un'aiuola. Poi, a letto, l'illuminazione. L'episodio risale a cinque anni fa, era la festa di primavera della materna di Lorenzo, sabato mattina.[5] Mi portavo i miei figli appresso come Sisifo il suo masso, uno sforzo improbo. Quel giorno faceva caldo, i bambini all'interno della scuola urlavano peggio degli spartani di *300*. In un angolo c'era un mercatino di giochi usati, giochi raccolti dagli stessi genitori. I mercatini dell'usato delle feste scolastiche. In pratica tu, padre o madre, con il favore delle tenebre selezioni giochi che la tua prole non usa più, porti tutto alle maestre affinché allestiscano il mercatino, vai al mercatino con la tua prole che riconosce i giochi usati che non usa più, ma che ora vuole usare tantissimo

[5] Le feste della materna arrivano ai riti pagani di secondo livello, le scuole dimostrano una certa devozione a Cerere.

e quindi inscena melodrammi per riavere indietro il maltolto. I mercatini dell'usato sono la causa principale dell'aumento dello spread, perché i genitori ricomprano gli scarti ludici di casa a un prezzo maggiorato. Un affarone, insomma.

Ricomprai un cagnolino fracassone dei cinesi (sono cani fedeli ritrovano sempre la strada di casa) e un gioco dei chiodini, quelli che si infilano nei fori per fare mosaici colorati, Lorenzo non poteva vivere senza. Sulla via del sisifico ritorno, in mezzo del cammin di mia vita, sudata e provata dai minispartani, è accaduto il prevedibile: la scatola del gioco usato si è aperta in mezzo al corso, sparpagliando chiodini in ogni dove, ma soprattutto tra le rotaie del tram. La mia idea di inferno assomiglia a un mosaico di chiodini sul pavé con due nani pazzi che ti incalzano per raccoglierli e le auto che sfrecciano ignorando la tragedia in atto. La verità è che ero davvero sola, mi sarei voluta sedere su un gradino e restare lì a fissare il vuoto, "Mi arrendo," avrei voluto dire alle auto, ai tram, vi ho deluso lo so, ma mi arrendo. Si è arreso il papa, chi sono io per fare meglio? "Ognuno sta solo sul cuor della terra trafitto da un chiodino, ed è subito sera," questo avrei voluto dire. E invece ci ho messo almeno dieci semafori rossi per raccogliere tutti i chiodini, mentre Lorenzo e Marta mi aspettavano sul marciapiede e ogni volta che mi chinavo urlavo: "State lì, eh, la mamma arriva." Questo è stato. Questo sono i figli, gente che la vita semina fatiche e chiodi e loro li trasformano in una raccolta di fiori.

FATICA NUMERO 4. LA FELICITÀ

Di come dia ragione a Jonathan Safran Foer quando in Eccomi *scrive: "Inseguendo la felicità, smarriamo la soddisfazione."*

Quando ho detto ai miei figli che sarebbe arrivata una sorella, Marta si è nascosta sotto il tavolo della cucina proprio come facevo io da piccola quando ero triste o arrabbiata. Da bambini ci si nasconde per farsi stanare. Da grandi anche. Chi stana deve trovare il momento giusto, troppo presto e sarà mandato via, troppo tardi e verrà accusato di insensibilità. Non solo. Se ho imparato qualcosa dall'esperienza di essere genitore è che i figli non bisogna "toccarli" troppo, tipo la pasta frolla che non si deve stare lì a maneggiarla. Se fanno il muso, soprattutto dopo un litigio, è bene lasciarli al loro momento di rabbia, senza cercare un secondo confronto e poi ancora un chiarimento. Ma non è questo il caso. Non c'era stato litigio, solo una reazione corrucciata, prevedibile. Aveva le sue ragioni. Dopo sette anni di vita a tre, in cui nessun uomo era entrato a casa nostra in qualità di mio fidanzato ufficiale, dopo sette anni di mamma solo mamma, la mamma si innamora e dopo due mesi è incinta. Io, fossi stata in lei, il tavolo non lo avrei usato come nascondiglio, lo avrei ribaltato. Ho contato fino a cinquecentoventidue[1]

[1] Cinquecentoventidue è il tempo stimato da attendere per un efficace stanamento.

e l'ho fatta uscire chiedendole di cosa avesse paura.[2] Marta mi ha dato una risposta circostanziata, chiara e diretta, cosa che non accade mai, di solito succede che i miei figli biascichino scuse incomprensibili, io proponga delle soluzioni a risposta multipla finché, stremati dal pressing, scelgono la busta 1, 2 o 3 per tacitarmi. Invece no, senza bisogno di essere imboccata, mi ha detto: "Ho paura che quando nascerà la bambina nessuno mi porterà più in braccio a casa, se mi addormento in macchina." Come darle torto? Il massimo del benessere, la felicità che temi ti portino via, consiste nell'avere qualcuno che si occupa del tuo sonno, che ti ama così tanto da sollevarti letteralmente da ogni responsabilità, anche quella del risveglio.

Per contro, se devo scegliere un'immagine di disagio, fastidio e solitudine, scelgo me, con il trucco del giorno, i vestiti del giorno, che mi sdraio un attimo sul divano prima di caricare la lavastoviglie della cena e invece mi addormento e riapro gli occhi alle tre e mezza di notte, con in tv una puntata di *Vite al limite* e nessuno che mi strucchi, mi svesta, mi lavi i denti e mi porti a letto.

A Marta ho promesso che avrebbe potuto continuare ad addormentarsi sui sedili posteriori dell'auto e a risvegliarsi nel suo letto, due braccia per sollevarla ci sarebbero sempre state. Si è tranquillizzata e da allora non ha mai dimostrato la minima gelosia per Andrea Ines che ha festeggiato un anno. Ma l'immagine evocata da Marta mi ha colpito per la sua forza, il legame tra felicità e riposo è mistico, lo insegnano anche a catechismo, il paradiso non è altro che un luogo dove qualcuno si prende cura del tuo sonno, del tuo eterno riposo.

[2] Mia sorella ha otto anni più di me e soffrì così tanto il mio arrivo in famiglia da vomitare di gelosia, letteralmente, quando mi vide la prima volta. Quindi la mia apprensione mi sembrava fondata.

Felicità, stanchezza e riposo sono connesse, quindi. Delle grandi felicità io ricordo l'epilogo, esausta: le ore piccole fatte a dirsi che fortuna esserci incontrati con un nuovo amore, le sere in ospedale dopo aver partorito i miei tre figli sani, il momento in cui passo in rassegna una giornata memorabile magari per un successo ottenuto e poi spengo la luce o addirittura la luce resta accesa perché non faccio in tempo ad arrivare all'interruttore prima di crollare.

Andrea Ines quando è molto stanca ride contenta, quasi ubriaca, ride con gli occhi socchiusi e le mani che sfarfallano. Io le racconto una favola mentre le prendo il piccolo battente del ciuccio tra due dita e busso alla porta delle sue labbra.

"Toc toc, sono la nanna, fammi entrare." Lei continua a ridere.

"Non mi fido della nanna, non ti apro, tu poi inviti i tuoi amici incubi e mi fai fare sogni brutti."

"No, te lo prometto, porto solo doni e sogni buoni. Aprimi la porta e chiudi le finestrelle degli occhi che altrimenti c'è corrente."

Così la nanna entra e quando entra la nanna c'è spazio solo per lei, fa festa fino al mattino, una festa di luci e colori, dove danzano i pensieri e ci sono i buttafuori per i malumori. Quando la nanna è stanca, perché si stanca anche lei di questa dolce follia, prende scarpe, stelle e dj, se c'è lì Cenerentola porta via anche lei. Con la nanna è così, non sai se c'è stata o te la sei solo sognata. È una favola che funziona sempre.

Prendermi cura della stanchezza di Andrea mi rende felice, è una forma di preghiera che sono certa venga ascoltata. È cullando un neonato che il mondo ha iniziato a pregare, le ninnenanne, i valzer sul posto, il fiume di shhh ripetuti, la fatica e la penitenza, è da lì che vengono le danze dei dervisci, il *Nam-myoho-renge-kyo*, i nostri rosari, perché quando addormenti un bambino c'è penitenza, c'è speranza e disperazione, anzi c'è l'unione delle tre, c'è consolazione.

A livello sociale, però, felicità e stanchezza hanno un legame ambiguo, determinato dal grande successo della psicologia positiva che vede in Martin Seligman, docente all'Università della Pennsylvania e pioniere dello studio dell'ottimismo, il suo principale promotore. Cosa dice Seligman in poche parole? Seligman dice che la psicologia sbaglia a focalizzarsi sugli aspetti negativi delle persone, anziché coltivare le qualità positive e aiutarle a svilupparsi al massimo delle loro potenzialità. Fonda insomma la scienza della felicità e ottiene un enorme successo internazionale.

La felicità è diventata uno dei brand più esportati dagli Stati Uniti, una vera industria globale in cui il solo business del coaching genera oltre due miliardi di dollari l'anno. Se i soldi fanno la felicità, Seligman (o chi per lui) è un uomo felice. Ma c'è un prezzo.

In *Happycracy*, Edgar Cabanas ed Eva Illouz ci vanno giù pesante, smontando pezzo per pezzo le teorie sul *fiorire*, sull'*essere gli psicologi di sé stessi*, sul *benessere come scelta*. Non risparmiano nemmeno la pratica della consapevolezza, la mindfulness, che è

> [...] coccolata da tutti gli esperti della felicità che infestano lo spettro sociale, psicologi positivi in primis. Non c'è dubbio che si combini bene con una scienza e una pratica che reifica l'interiorità, addossa all'individuo tutte le responsabilità e trasforma l'ossessione per la vita interiore, il corpo e l'automiglioramento in un imperativo morale, un bisogno personale e una risorsa economica [...]. Come molti altri concetti e meto-

di approvati dagli esperti del benessere, cavalca la promessa di risolvere i problemi endemici delle società neoliberiste. Si basa sulla convinzione che la radice di questi mali risieda nell'individuo, anziché nel contesto socioeconomico: non è la società che va riformata ma sono le persone che devono adattarsi, cambiare e migliorare.

Ehi, Edgar, ehi, Eva! Ho un amico con cui andreste d'accordo, vi presento Byung-Chul Han,[3] avrete molto da dirvi. Le conclusioni dei tre studiosi sono affini e puntano a dimostrare che gli happycondriaci si lanciano in una ricerca spasmodica e insaziabile, dove la felicità non è l'apice della curva esistenziale, ma un costante divenire, una tensione. E dalle tensioni, si sa, nascono nevrosi e implacabili stanchezze. L'individuo diventa l'unico responsabile delle proprie scelte, del proprio benessere e dei propri traguardi esistenziali. Chi non sta bene, non riesce a sentirsi meglio o non ce la fa a essere felice viene stigmatizzato: queste disposizioni umorali diventano una fonte di insoddisfazione, i sintomi di una volontà debole o addirittura di una vita sprecata.

Probabilmente a Cabanas e Illouz i guru della felicità hanno ingiuriato le mamme, perché hanno davvero il dente avvelenato con la categoria. Anche io, benché con toni meno accorati e con argomenti meno dotti, nutro diversi dubbi sull'imperativo della felicità e ho qualche appunto da fare ai life coach. Per prima cosa non mi convince il loro nome. Cosa fanno? I maestri di vita. E cosa sono? Diplomati all'istituto tecnico esistenziale, laureati all'università del quotidiano con master in giorni straordinari? Hanno un dottorato in capodanni soddisfacenti?

[3] Vedi il capitolo "Fatica numero 2. Il lavoro."

Dove sono i guru di un tempo? Dov'è finita l'umiltà del buon vecchio Miyagi[4] che faceva il maestro di vita per arrotondare, perché di primo lavoro potava piante, aggiustava tubi, era un addetto alla manutenzione degli appartamenti. Per me non puoi fare il life coach se non sei un immigrato di Okinawa.

Poi c'è il problema del pubblico, perché i life coach motivano a strascico, non c'è selezione, mentre pretenderei una motivazione mirata, un test d'ingresso sarebbe anche meglio. Mettiamo che per errore venga motivato un Leopardi. Leopardi ci crede, si mette di buona volontà, fiorisce e non scrive più tutti quei capolavori di struggente meraviglia depressiva. Ma che orrendo danno sarebbe? Mettiamo che lui riesca nell'impresa di amare prima sé stesso, riscopre la dimensione della cura, beve vino rosso mentre fa il bagno di schiuma con le candele profumate come Alexis di *Dynasty* e Silvia alla fine si concede? Bisogna stare attenti a motivare così a tappeto.

Non mi tornano nemmeno le correnti di pensiero interne per raggiungere la felicità, perché i life coach si dividono in spaccatuttisti e incollacoccisti. La filosofia del saper vincere contro la filosofia del saper perdere e rialzarsi. Vincenza contro Perdenza. I primi sono per *il mondo è tuo, osa, rilancia, spingi, la felicità è un tuo diritto!* I secondi sono stati traumatizzati dalla vita, ma ci credono ancora, è gente che si tiene insieme come può e infatti ha bisogno del life scotch. Si mettessero d'accordo. Non vorrei sembrare superficiale ma se non si spacca non si rincollano i cocci, è matematico, una tregua quindi sarebbe d'obbligo. Anche gli incollacoccisti dovrebbero cambiare le metafore, l'arte dei vasi giapponesi rotti e rimessi insieme con una colla d'oro, allegoria delle cicatrici che ci fanno belli

[4] *Karate Kid* mi ha segnato, lo ammetto, è già la seconda volta che lo cito.

e ricchi, ci ha fatto il *kintsugi* scrotale. È usata da chiunque, ovunque, in qualsiasi contesto.

Resilienza la chiamano, ma c'è una stanchezza anche dei concetti e delle parole, e resilienza[5] è una parola esausta. Nasce in ambito tecnico-scientifico ma la usano anche in botanica e ce la siamo ripetuta per tre anni, con un'impennata pandemica. Tiro a indovinare, la prossima immagine che esauriremo a forza di dircela (un'immagine che di nuovo ci accomuna alle piante) sarà l'invito a fiorire. I #fiorisci sbocciano su ogni profilo social, sbocciano nelle vetrine delle novità editoriali. Un ottimismo posticcio, una fioritura da piante di plastica.

Più che ottimista preferisco essere un'allegra pessimista. La peggior gente che c'è al mondo è stata ottimista, non ci sarebbe guerra senza ottimismo, senza essere sicuri di vincerla, la guerra. Hitler era ottimista. Io non voglio fare la guerra, la perderei, al massimo fare la resistenza, non combattere, resistere e protrarre l'assedio.

La vedo come la Yourcenar quando diceva che si può essere felici senza mai smettere di essere tristi, ma vale anche al contrario per me, ovvero che si può essere tristi senza mai smettere di essere felici, una specie di aforisma dal senso palindromo. Nei periodi in cui le cose vanno bene, in cui sono felice, continua a scorrermi dentro un fiume sotterraneo. La felicità è un'emozione, mentre quel fiume sotterraneo è un sentimento, una percezione della realtà dolorosa che non si secca mai del tutto, che non si assorbe. Quando la tristezza

[5] Il figlio dodicenne della mia amica Anna è tornato a casa e ha detto che a scuola gli avevano dato il premio alla resilienza. "In che senso?" ha chiesto Anna e lui ha risposto: "Sì, in pratica lo danno quando fai schifo a fare qualcosa ma lo rifai e lo rifai e lo rifai: alla fine se fai ancora schifo ti danno il premio per la resilienza." Non credo esista sintesi più azzeccata sull'argomento.

arriva in superficie, per motivi contingenti, è la felicità a scorrere sotto, un desiderio di vita che non si tacita, di nuovo un sentimento, mentre la tristezza diventa emozione dominante e, per fortuna, passeggera. La mia natura compensa, rido di quella che sono, piango per quelle che non sarò mai, e viceversa. Quello che mi salva mi condanna, quello che mi condanna mi salva, come la vita che è tutto ciò che abbiamo e insieme tutto ciò che non avremo mai.

Tornando a *Happycracy*, mi trovo perfettamente d'accordo con gli studiosi spagnoli anche quando parlano di senso di colpa. La felicità è una scelta, quindi se continui a essere triste è colpa tua, non hai avuto la forza di applicare il metodo *vuoi qualcosa, vai e prendilo*. Ditelo a una persona realmente depressa e preparatevi a considerare che la felicità non sia alla portata di tutti, l'impossibile è una possibilità.

Io che non sono depressa sono stanca di mettermi allo specchio e poi far partire tutto un "che fantastica persona che vedo, che potenziale, che unicità!". Ma cos'è questa responsabilità, cosa sono questi bilanci mattutini, tutti questi "che bella la vita, viva viva come sono risolta oggi"? Perché dovrei amarmi da sola? Io voglio che mi amino gli altri, io se mi amo da sola finisco per tradirmi. E poi perché non mi lasciate essere infelice? La mia simpatia va a Troisi quando diceva agli amici che lo tiravano su di morale dopo una delusione amorosa: "Lasciatemi soffrire tranquillo. Chi vi chiede niente a voi? Vi ho chiesto qualcosa? No. Voglio solo soffrire bene. Mi distraete. Non mi riesco a concentra'. Con voi qua non riesco... Soffro male, soffro poco, non mi diverto. Non c'è quella bella sofferenza..."

Questa spasmodica ricerca della felicità, ancora felicità, più felicità, una felicità per anime forate, che non sono mai paghe, mette in discussione l'idea stessa del dolore e anche dell'alternanza degli stati d'animo. Se soffri e non reagisci oggi sei una vittima e le vittime non piacciono a nessuno, sono petulanti e inutili.

Alla gente piacciono gli eroi e gli eroi sono di due tipi: quelli che salvano le vittime oppure le vittime che si riscattano, si rialzano, risorgono e insorgono. Quelle che hanno carattere.

Capita però che il dolore, il disagio, un passato o un presente gravoso siano così forti che no, non ci si rialza. Capita la depressione. Capita che si veda la felicità come un miraggio, una chimera che ci raccontiamo per sopportare la verità. E la verità per molti è che non siamo qui per essere contenti, allegri e soddisfatti, ma per sopravvivere, inspirare ed espirare. Tutto il resto è un racconto, una costruzione per impedirci di svegliarci una mattina, dire si è fatto tardi e lasciare questo mondo di nostra iniziativa.

La fioritura legata al miglioramento personale è una bella metafora, ma si deve considerare anche che il fiore, per sua natura, appassisce. Se vogliamo restare nell'ambito della botanica, preferisco l'interpretazione di Roberto Mercadini nel suo monologo *Felicità for dummies*. Roberto dice:

> Felice viene dal latino *felix*. E *felix*, prima di essere un termine psicologico era un termine agricolo. Un campo può essere *felix*, un albero può essere *felix*. Ma cosa significava? Quand'è che un albero è felice? Quando dà molto frutto. Questo è il significato originario della parola. Cioè la felicità, nell'etimo, non è non avere problemi, stare tranquilli, avere quello che si desidera: la felicità è un fare, un dare, un produrre. Ma un fare simile a quello dell'albero, che fa esprimendo qualcosa della propria natura, della propria essenza: fa portando a compimento sé stesso. Il melo esprime la propria natura facendo mele, il pero facendo pere, il susino susine e così via.

Per Roberto[6] fare secondo la propria essenza ridimensiona la stortura del *volere è potere*, se sei un pero, per quanto ti sforzerai, otterrai certamente brutte mele bislunghe. Ma soprattutto il fare legato alla felicità chiude un circolo virtuoso attraverso la stanchezza lieta e mai tossica.

Se togliamo alla felicità lo status di scopo, la gravosa valenza di responsabilità morale, le sfumature progettuali, forse tornerà a essere quello che è, cioè un delizioso effetto collaterale del vivere, un'emozione che ti viene a stanare sotto il tavolo, il più dolce degli imprevisti. La felicità capita ogni tanto, non è un piano quinquennale, è un accadimento piuttosto raro, così raro che fatichiamo a riconoscerlo. Anche per questo Kurt Vonnegut invitava i propri lettori a tentare un esercizio semplice: far caso alla felicità, quando accade. Vonnegut era uno scrittore meraviglioso e un affabulatore ironico e delicato, dal 1978 al 2004 tenne numerosi discorsi ufficiali ai laureati al termine dell'anno accademico,[7] discorsi che sono finiti nella raccolta di Minimum Fax che si intitola proprio *Quando siete felici, fateci caso.*[8] Vonnegut muore nel 2007, i discorsi più struggenti li fa quando è vecchio, quel tipo di vecchio che vorresti come parente stretto, non quel tipo di vecchio che cristona perché vai in bici sul marciapiede e tu allora dici: "Mi scusi, signor vecchio, vado sul marciapiede

[6] A Roberto posso dire bravo alzando il telefono e chiamandolo, perché è un mio amico davvero tra l'altro, non come Byung-Chul Han.

[7] Si chiamano *commencement speech*. Alcuni discorsi di scrittori famosi come "Questa è l'acqua" di David Foster Wallace sono diventati veri oggetti di culto.

[8] Il fatto che in questo capitolo citi solo libri che hanno la parola "felicità" nel titolo è un puro caso. "Ma guarda questa, ha deciso di scrivere un capitolo sulla fatica della felicità, è andata su Google e ha digitato *felicità libri autori*." Lo so che lo state pensando. Vi sbagliate, così ho sfangato il capitolo sul lavoro, sulla felicità ero più preparata.

solo per questi cinque centimetri perché sono appena uscita dal portone", ma lui non ti crede, ti odia a prescindere. Non quel tipo di vecchio. Un vecchio lucidissimo e sorridente, che è stato soldato durante la seconda guerra mondiale, depresso, malinconico, figlio di una suicida, pazzo per la fantascienza, disegnatore, autore di libri a metà strada tra la satira politica e il romanzo, plurimarito, pluripadre, pluripremiato. Vonnegut riesce a essere tagliente senza cadere nel sarcasmo. Negli anni settanta, per esempio, mentre forme di meditazione orientale come lo zen diventano di moda, sostiene che in Occidente abbiamo un metodo tutto nostro per raggiungere gli stessi risultati di benessere interiore e si chiama "leggere racconti", pratica che definisce "pisolini buddisti". Vonnegut mi manca come un parente che ha sempre ragione ma non te lo fa pesare. Pur avendo molto sofferto, credeva nella felicità, gliel'aveva insegnata suo zio Alex, un assicuratore che abitava al 5033 di North Pennsylvania Street. Zio Al sosteneva che, magari bevendo un bicchiere di limonata all'ombra di un albero, bisognasse fermarsi e dire ad alta voce: "Cosa c'è di più bello di questo?" Piccoli momenti di trascurabile felicità, solo che per Kurt non sono affatto trascurabili, bisogna farci caso. Bisogna sviluppare la propria misura, il proprio abbastanza. Riporto un pezzetto di "Come avere qualcosa che molti miliardari non hanno", discorso che zio Kurt tiene il 12 ottobre 2001 alla Rice University di Houston.

> Vi riferirò ciò che mi ha detto [...] Joe Heller, autore come sapete di *Comma 22.* Eravamo alla festa di un multimiliardario a Long Island, e io ho detto: "Joe, che effetto ti fa sapere che solo nella giornata di ieri probabilmente il padrone di casa ha fatto più soldi di quanti *Comma 22*, uno dei libri più famosi

di sempre, ne ha incassati in tutto il mondo negli ultimi quarant'anni?"
Joe mi ha detto: "Io ho qualcosa che lui non potrà mai avere".
Io gli ho chiesto: "E cosa sarebbe, Joe?"
E lui: "La consapevolezza di avere abbastanza".

"Abbastanza" è una parola sottovalutata, evoca mediocrità, è un 41 alla maturità, un 99 all'università. E invece no, è tempo di riportarlo al suo significato originario, a interpretarlo come sinonimo di "assai", parola gemella. *Ad satis* e *a bastanza*, in tempi antichi, volevano dire la stessa cosa, solo che l'uso del primo si è allargato per eccesso a coprire il senso di "molto", il secondo è sceso per difetto a coprire il senso di "sufficiente". Per fare caso alla felicità conviene considerare abbastanza come un assai. E quando abbastanza è assai? Questa la so, basta che poi i life coach non si inventino l'assaismo. L'abbastanza è assai quando sei così di buonumore da non voler andare a dormire, per goderti il momento ancora qualche minuto, ma alla fine ti addormenti perché non ce la fai proprio più dalla stanchezza. Quell'abbastanza è assai. Ancora più assai se c'è qualcuno nei paraggi a portarti a letto, in braccio.

FATICA NUMERO 5. LA BUROCRAZIA

Di come io sia in questo mondo da quarantatré anni e ogni sera, ripensando a commercialista, bollette, contratti, mutuo, scuola, il borsellino online, mi domando perché non siano ancora arrivati i gendarmi con i pennacchi e con le armi a portarmi via per le mie inadempienze.

Alle elementari, i miei coetanei si dividevano in grandi amanti dei Lego e grandi amanti dei Playmobil. Mi verrebbe da dire che il Lego è per costruttori di mondi, i Playmobil per costruttori di storie, giochi educativi in entrambi i casi. Non mi piacevano i Lego e vedevo i Playmobil come una sorta di loro fake, con grande felicità dei miei non li chiedevo per feste e compleanni, costavano e costano un occhio della testa. Il problema dei Lego stava nelle istruzioni, da che ho ricordo sono una negazionista delle istruzioni, mi agitano, bisogna seguirle con attenzione, comprenderle, ci sono tutti quei "metti A IN B E C IN D, POI AB IN CD", finisce sempre che non sono sicura se quella E è congiunzione o oggetto da mettere. Temo si tratti di un problema cognitivo, ci sono nata e riguarda anche le cose più semplici, tipo che non ho mai aperto un pacchetto di Digestive tirando l'apposita linguetta,[1] ora che ci penso "Enri-

[1] Anche perché se li apri così ne escono tre o quattro insieme e poi te li devi mangiare, e quattro Digestive coprono il fabbisogno calorico del Molise. Che poi chiamare Digestive un biscotto con un po' di bicarbonato nell'impasto è come portare in un pranzo di Natale dell'insalata russa e sostenere che sgrassi perché dentro c'è della verdura. Mia nonna lo sosteneva. Ma mia nonna sosteneva che la torta di mele valesse come frutta.

ca Tesio, non ha mai aperto un pacchetto di Digestive tirando l'apposita linguetta" potrebbe essere anche un'esaustiva short bio.

Da bambina il mio passatempo preferito era prendere delle vecchie agende e penne e mettermi a impilare fogli, firmare, scrivere numeri accanto a nomi, parlare con clienti immaginari a sportelli inesistenti. Protocollavo, calendarizzavo, facevo pagare multe. Ora vorrei tranquillizzare quei genitori che si preoccupano perché i loro figli amano le pistole giocattolo: se sono come me diventeranno sicuramente dei pacifisti convinti. Per una strana regola del contrappasso, crescendo, ho i sudori freddi di fronte a ogni tipo di form o trafila burocratica, balbetto, mi rendo ridicola. Se poi è burocrazia online o che prevede la chiamata a un call center proprio non connetto.

È rimasta storica una telefonata che feci al numero verde Unicredit. Sono certa che l'operatore la racconti ancora per far svoltare le serate fiacche. Inizia con me che chiamo il centro assistenza.

"Sono Enrica Tesio ho un conto da voi..."

"Buongiorno, signora Tesio,[2] come posso esserle utile?"

"Ho un problema con la mia chiavetta, quella che genera il codice per accedere al conto online."

"Che tipo di problema, signora Tesio?"

"Quel tipo di problema per cui pare che il codice sia errato."

"Signora Tesio, lei ha chiavetta sotto mano?"

"Sì, certo."

"Mi può leggere il codice numerico?"

[2] Ti ricordano il tuo nome continuamente, quelli dei call center, lo fanno per metterti a disagio. Quando mia madre mi chiamava per nome così spesso era perché era molto arrabbiata e stava per sbottare.

"Volentieri: quattro sei sette sette tre sei."

467 736

"Signora Tesio, ha voglia di girare la chiavetta e leggere l'altro codice."

"Come no? Ecco: 9 E di Empoli L di Livorno L di Livorno 9 H di Hotel."

9EL L9h

Segue un silenzio di un minuto in cui mi beo di aver fatto un ottimo spelling numerico e letterale.

"Signora Tesio: parlavo del codice identificativo *dietro* la chiavetta."

La cosa inquietante è che io, la signora Tesio, ruotando la chiavetta sul tavolo, invece di girarla, abbia trovato davvero sbalorditivo l'ingegnosità del metodo di verifica codice Unicredit... una sequenza numerica che si può leggere anche specularmente, come la scritta ILLUMINATI in *Angeli e demoni.*

Povera signora Tesio, mi faccio pena da sola. Ho aspettato otto anni per avere la mia terza figlia, qualcuno potrà pensare che non avessi trovato un uomo adatto, che non mi fossi più innamorata dopo la separazione. Certo, certo, ma la realtà è che ero terrorizzata dalle procedure INPS per la richiesta della maternità. Si dimenticano i dolori del parto, ma i dolori della modulistica INPS no, quelli te li ricordi tutti.

E così mi sono dovuta misurare con i PIN perduti. Ma ho scordato la password. Hai scordato la password? Sì, lo ammetto, ho scordato la password. Ma allora noi te la rimandiamo via email. Su quale indirizzo? Quello che avevi fornito anni fa. Era l'email di lavoro, quel posto di lavoro non esiste più, niente più casella quindi. Allora creiamone una nuova. Ok. Inserisco la nuova password, nella password ci vogliono numeri e lettere, ok inserisco numeri e lettere, nella password ci vogliono numeri e lettere e caratteri cirillici, ok inserisco numeri e lettere e caratteri cirillici, nella password ci vogliono numeri, lettere, caratteri cirillici e sangue di vergine. Ok, facciamo che in questa password ci svuoto il contenuto dello zaino dei miei figli del venerdì sera e siamo a posto. La password è bananamarciabricioletaschepien edisassicaseДutoviaggifoglidigiornal3. Mi dispiace, la password è già in uso da un altro utente. Vorrei parlare con un operatore, vorrei vedere una faccia amica, muoverla a pietà, sono brava a fare pena dal vivo. C'è un numero verde, ma funziona solo da telefoni fissi a manovella prodotti prima della caduta del muro di Berlino, l'altro numero ti costa come una chiamata in Nuova Zelanda. Vada per la Nuova Zelanda. Mi mettono in attesa, parte la serie di opzioni: se vuoi parlare con un operatore resta lì, se vuoi ascoltare *Love Me Tender* componendola tu stessa con i tasti del cellulare digita 1 6 3 6 9 2 9 6 3 2 3 6, al giusto ritmo.[3] Alla fine mi mandano il nuovo codice a puntate: la prima parte del PIN sostitutivo sul telefono, la seconda parte sulla casella di posta che avevo nel 1997 diavoletta@yahoo.it poi c'è la terza parte, la vendetta del PIN, che trovo al mio indirizzo attuale. Devo ricomporre tutto e aggiungere il risultato di questo test:

1+4=5

2+5=12

3+6=21

8+11=?

Un parto. L'ultimo, poi vado in menopausa, lo giuro.

[3] Vi vedo che lo state provando a fare, bravi.

Esagerata mi dite, ma certo, però com'è quella storia che la vita è come te la racconti? Ecco, io la burocrazia me la vivo e me la racconto così, purtroppo. Provo a descrivere il percorso mentale che determina l'impasse e l'ansia. A oggi nessun uomo in divisa si è presentato a casa mia per arrestarmi o portarmi via beni materiali e immateriali, questo vuol dire che miracolosamente sono in regola con lo Stato e con la società, sicuramente ho mancato qualche appuntamento, scadenza, richiesta di rimborso, ma finché non chiedo, non approfondisco, finché qualcuno non mi richiama all'ordine posso illudermi che tutto sia a posto. Posso dedicarmi ad altri pensieri, tipo i lanzichenecchi, che non ho considerato quanto meritano. Solo che prima o poi salta fuori un ISEE da inviare, un CUD da spedire, un contratto Sky da chiudere e lì inizia la fatica.[4] La mia prima reazione è passivo-aggressiva: sì è vero, dovevo sapere che la scadenza era questa, che dovevo mandare il documento il giorno, che mancava la carta d'identità fronte retro in PDF, ma mica posso sapere tutto e poi c'erano i lanzichenecchi. Sì, invece, devi sapere tutto, è nelle tue responsabilità di cittadino e di adulto sapere tutto, quindi se davvero tu vuoi vivere una vita luminosa e più fragrante, cancella con coraggio quella supplica dagli occhi. E pentiti. Prendo un respiro e vado a pentirmi direttamente da Don Buro,[5] il bu-

[4] Non è un caso che la burocrazia sia l'ottava delle *12 fatiche di Asterix*, geniale film d'animazione. Nell'episodio "La casa che rende folli" il nostro eroe deve riuscire a ottenere il lasciapassare A38 da una pubblica amministrazione romana, cosa che di solito porta alla pazzia anche l'uomo più valoroso.

[5] Don Buro(crate) è, nella mia fantasia, il signore allo sportello a cui cerco di chiedere scusa per la mia inettitudine e a cui faccio tutte le domande che non ho mai fatto prima. Don Buro è colui che mi dovrebbe perdonare e riportarmi sulla retta via, me lo immagino per comodità come il prete interpretato da Christian de Sica in *Anni 90*.

rocrate anziano che in me riconosce una pecorella smarrita. Ammetto tutte le mie colpe senza fare resistenza e chiedo che mi spieghi cosa devo fare, passaggio dopo passaggio, come se fossi una bambina di sei anni, no peggio, come se avessi il QI di una mosca della frutta con deficit dell'attenzione. Riesco a portare a termine le operazioni in sospeso e torno a casa sfranta, più leggera ma non redenta. Mi gira per la testa quel "parlami come fossi una bambina di sei anni", quella richiesta di semplificazione che faccio costantemente a commercialisti, impiegati di banca, impiegati delle poste, impiegati della sanità pubblica, ecco in quella richiesta c'è tutto. La burocrazia è strutturata in modo da farmi sentire piccola così, a disagio, un'inetta a cui fare una ramanzina, costantemente esposta alla minaccia di una penale da pagare, che sia di tipo pecuniario o emotivo. Nonnismo burocratico, ma anche cinismo burocratico, ecco cosa mi stanca.

Le best practice, i protocolli, i file di Excel come forma di pensiero inopinabile, sono quanto di più lontano ci sia dall'ironia, dall'umanità e dal senso dell'umorismo. Ma il problema, mi chiedo, sono davvero io? O siamo di fronte a quella trappola di cui avvertiva Zygmunt Bauman,[6] ovvero che cerchiamo soluzioni biografiche a quelli che sono problemi strutturali e sistemici della società? Questa è una società che ci obbliga a code allo sportello (virtuale o meno) per il gusto di chiuderlo in faccia?[7] Per quanto mi riguarda l'unico modo per uscirne indenni[8] è solidarizzare con i propri simili. Perché era stata più

[6] La mia prossima password credo che conterrà la parola Zygmunt.

[7] Lo fa perché possiamo dire una frase come "Tutto questo è kafkiano"? Frase che si può usare solo di fronte a un nonsense burocratico, vista l'improbabilità di svegliarsi una mattina nei panni di uno scarafaggio.

[8] Prima che nasca un Aranzulla della burocrazia.

semplice la trafila delle mie due prime gravidanze? mi domando. Perché allora avevo una compagna di pancia, un'amica che stava vivendo le mie stesse esperienze, incluse le incombenze. La solitudine è ciò che ci rende vulnerabili, sciocchi, esposti a "il problema sono io". La burocrazia inoltre è funzionale a demarcare la distanza tra i *giusti* (coloro che seguono le regole, che stanno dietro la linea gialla, che fanno rispettare le linee gialle in ogni angolo del mondo) e *tutti gli altri*. Ogni tanto mi metto nei panni dei giusti, i giusti beati della propria giustezza, mi pare che non se la godano abbastanza la loro beatitudine, è gente che sorride poco, gente che prende molto sul serio la linea gialla.

Un episodio tra tanti. È il giugno 2020, sono incinta di sette mesi, mi trovo in quella fase della gravidanza in cui sei analizzata in ogni pertugio e il suffisso anal qui non è un caso, visto che sono nella settimana del tampone rettale per lo streptococco salcazzi. L'emergenza Covid ha fatto saltare tutte le trafile standard, penso di fare come fanno i giusti, ovvero controllo la sera prima sul sito dell'ambulatorio, cercando la best practice di riferimento. La best practice dice *Arriva presto, mettiti in coda, non c'è modo di prenotare l'esame*. Alle otto siamo già in tante, fuori, in strada, qualcuna è seduta su sedie di legno messe lì per le pance più pesanti, aspetto aspetto, sorrido sorrido, passetto passetto entro nell'androne, altra coda. Form da compilare dove certifico di non avere il Covid, mi igienizzo. Sento che l'infermiera dice alla ragazza davanti a me che lei è la trentesima, l'ultimo tampone della giornata. Mi incuriosisco. Io ho il numero 31, ho aspettato due ore e mezza e sono l'ultima. Scherzo: "Dai, non è possibile, avete fatto trenta… fate trentuno." Non si può mi comunicano, sono le regole. Mi agito: "Ma perché mi date un numero 31 se vi fermate a 30?" Mi spiegano che magari qualcuno davanti se ne va per stanchezza e quindi si tengono larghi. Rido. Ho scoperto che non bisogna ridere quando c'è di mezzo la burocrazia. Ma quando la burocrazia con i protocolli incontra una donna con la circolazione sanguigna di Bogotà sulle caviglie, una che ha la cellulite anche sotto le piante dei piedi, ecco la burocrazia se non è morta, vacilla. Mantengo la calma, chiedo di parlare con l'ostetrica che mi dovrebbe fare l'esame, anche lei è irremovibile, diventa paonazza mentre mi ribadisce la regola del 30. Pretendo di parlare con un superiore, un responsabile di reparto, l'ostetrica ha una vena che pulsa sulla fronte. Quando un'ostetrica giusta con il raccordo anulare sulla fronte incontra un'inetta burocratica a cui non sta più niente, nemmeno la doccia, l'ostetrica giusta soccombe. Mi portano dalla responsabile. Anche lei mi fa uno schema per illustrarmi la regola del 30 e lì mi viene un colpo di genio, voglio combattere il sistema con la sua stessa arma. Come avrei dovuto conoscere la regola del 30? C'è scritto sul sito. Mi faccia vedere dov'è scritto sul sito e me ne vado all'istante. Sto bluffando, naturalmente, non sono affatto certa che non ci sia scritto sul sito. Don Buro mi protegge durante la verifica e in effetti ho ragione io, la regola del 30 non compare in nessuna postilla. L'esame si fa. Tronfia, affronto l'ostetrica, anche se non ho considerato in tutta questa botta di guerra al sistema, che una tizia inviperita mi armeggerà con un cotton fioc nelle retrovie. Cerco di scherzare per smorzare i toni, ma l'ostetrica è indelicata, sbrigativa e cafona. Dopo il tampone mi dice solo: "Spero che ora sia contenta."[9] E io che non ho la risposta pronta, che la risposta giusta mi arriva sulle scale, che ho una valigia di battute in differita, la guardo negli occhi e le

[9] È bello e comico mandarsi a stendere dandosi del lei.

dico che sì, sono contenta, non perché oggi quella che Ammaniti chiamava "stella contratta" (ma che il resto del mondo chiama buco del culo) è stata tamponata, sono contenta, sollevata, orgogliosa, perché non sono, non sono mai stata e non sarò mai lei.

Dentro mi è parso di sentire un sussulto, credo fosse Andrea Ines che faceva una piccola quanto risoluta ola.

FATICA NUMERO 6. DIVENTARE ADULTI

Di quando ho scoperto che gli adulti erano solo i genitori, i nonni, gli zii… travestiti. Del gravoso compito di improvvisare ma con l'espressione di qualcuno che sa fare la dichiarazione dei redditi senza commercialista.

Si mangiava fuori, mettendo insieme famiglie e amici, generazioni come i tavolini uniti sotto la stessa tovaglia. Le giunture erano evidenti, le diverse altezze, i piatti restavano instabili, era tutto traballante e precario ma di una precarietà allegra, durava solo una giornata. I bambini giocavano nel prato, fino a quando non erano costretti a mettersi seduti, per poi riscappare veloci al rompete le righe. Il pasto faceva briciole e chiamava insetti, ma l'aria era fresca, i primi pranzi della stagione, non c'era bisogno di nascondersi all'ombra. Si sbocconcellava ogni cosa, anche le conversazioni, ne rimanevano pezzi sparsi ovunque. Dopo, chi aveva servito sparecchiava, le anziane lavavano i piatti, piano, senza fare confusione e senza sprecare movimenti ed energie. C'era un metodo, lo avevano imparato da bambine. Le madri invece facevano più rumore di quanto occorresse, spandendo l'acqua in giro, sprecando i gesti. Le donne più giovani erano meno avvezze ai lavori di casa, mia madre per esempio li amplificava perché tutti comprendessero il suo disappunto, eppure non condivideva l'incombenza con nessuno, lo prevedeva la sua educazione e allora i piatti almeno li lavava maleducata, per ripicca.

Calava la quiete, le parole erano sussurrate, come dopo l'amore. Le donne, sedute sulle sdraio a righe, alzavano le gonne per scoprire le gambe, qualcuna usava lo specchio solare per concentrare i raggi sul volto, era un cartonato con l'interno riflettente in stagnola. Si cantava. Un adulto proponeva un'attività che non veniva portata a termine: andiamo in paese c'è il circo, andiamo a pescare. Era il ritornello che puntellava tutto il resto della giornata, un'attività mancata, era quella la vacanza.

Il sole pendeva sulla testa dei bambini, molto presto scendeva e si doveva andare, non c'era possibilità di fuga. Non si fugge alla domenica sera. Qualcuno dormiva, si assopiva in un angolo, era la parte migliore dormire con il ronzare dell'ape e la ninnananna delle chiacchiere altrui. Il giornale. La sigaretta. L'aiuto degli uomini. Tagliare la legna, spostare un grande mobile, le case di campagna volevano attenzioni, più dei figli. I figli maschi facevano la pipì contro gli alberi e così le femmine, accovacciate con l'erba a fare il solletico e le formiche colpite dal liquido in piccoli rivoli. Siamo fatti d'acqua, quanta acqua te ne rendi conto solo quando la vedi scorrere. Erano figli della città, ma si abituavano velocemente alla campagna, insieme ai gatti domestici che non volevano più tornare a farsi le unghie sui divani. Le lucertole spuntavano dalle cataste di legno, il timore delle vipere, i bambini dicevano che tanto c'era l'antidoto, nei film c'era un antidoto per tutto.

Lo spiazzo fuori casa era delimitato da una discesa, una pendenza che faceva da richiamo per i palloni. Qualcuno nel pomeriggio improvvisava una partita, lamentandosi della digestione. I grandi calciavano sul tetto e giù nel dirupo, ridevano, ma non sembravano mai veramente felici, erano adulti, sapevano che no, non c'è un antidoto per tutto. Il loro compito era portare il cibo a tavola, toglierlo dalla tavola, vegliare sulle sorti del mondo dei figli. Erano i guardiani del faro. Accendevano la luce la mattina, la spegnevano la sera prima di andare a dormire. I grandi erano strane creature, bevevano caffè e qualche volta fumavano, andavano a lavorare, guardavano il telegiornale, litigavano su cose incomprensibili e non facevano veramente pace. Alla fine della giornata i bambini entravano nelle automobili, si accucciavano dietro in silenzio, a volte si addormentavano, a volte restavano nel buio dell'abitacolo a osservare le nuche dei genitori. Se chiudo gli occhi sono ancora lì dietro, sul sedile della Simca 1000.

Ho smesso di credere alla fata dei dentini a nove anni e ho smesso di credere agli adulti fuori tempo massimo, quando mi è stato chiesto di essere adulta a mia volta.[1]

Con il senno del poi, mi sorprende la mia fede cieca in loro, avevano abitudini e sostenevano cose insensate. I miei nonni non volevano che bevessi dopo il gelato, non volevano che bevessi dopo la frutta, soprattutto guai a bere dopo le ciliegie, pena le rane nella pancia, insomma nei mesi più caldi io andavo in giro completamente disidratata, però mi veniva chiesto dalle duecento alle trecento volte se avessi fatto la pipì, perché se non fai la pipì poi ti brucia.[2] Nonna ho un cactus al posto della vescica che pipì vuoi che faccia? Restando in tema diuresi ci fu un periodo in cui mia madre si fissò col carcadè, ne sorbivamo grandi quantità che tingevano le tazze di rosso vermiglio, poi qualcuno deve averle detto che carcadè non era una bevanda, al massimo era il verso di un oviparo e non se ne parlò più.

[1] A quel punto è valso il detto *Non vorrei mai far parte di un club che accettasse tra i suoi soci uno come me.*

[2] Mia nonna sosteneva che se non mangiavi abbastanza ti cadesse lo stomaco, se facevi gli occhi storti ti rimanessero storti, mentre se per caso ti coglieva il temutissimo colpo d'aria allora ti si ghiacciava il sudore ed eri morto, c'era sempre una prozia morta di sudore ghiacciato nei suoi racconti.

Lo stesso vale per lo spezzatino di soia. Un collega le insegnò la ricetta e lei ce lo propinò per diverse settimane. La ricetta diceva: fai un soffritto di cipolla, unisci i piselli, quando sfrigoleranno spezzetta con un paio di forbici da cucina una o due spugne da bagno, quelle morbide dai pori larghi che son più delicate, fai sfumare la fame con del vino e dimentica lo spezzatino. Periodicamente venivo portata dal pediatra, il pediatra mi visitava fumando il sigaro e commentando che avevo un principio d'asma, ma l'asma non era un problema, ai tempi gli adulti erano preoccupati solo per un'unica malattia che affliggeva gli infanti: l'acetone. Che fine ha fatto l'acetone, mi chiedo? Ogni volta che un pensiero mi assilla penso all'acetone e a come tutto, ma proprio tutto, passi. Io ci credevo negli adulti, anche se mi avevano convinto che i bambini del Biafra morissero di fame perché non mangiavo le verdure. Credevo alle adulte che avevo come maestre, nonostante ci umiliassero con gli spettacoli di Natale, quando quella alta della classe faceva la Madonna, quello alto con la barba faceva Giuseppe, gli altri, tutti gli altri si spartivano ruoli di un certo spessore quali il muschio del presepe, la paglia, la mangiatoia e la brezza dicembrina in Palestina. Non andava meglio nel caso in cui il saggio prevedesse musica perché i bambini col flauto dolce suonavano sbavando sulle teste di quelli davanti dotati di maracas. I maracaibici picchiavano forte sulle teste di quelli davanti dotati di triangoli. I triangolatori erano il penultimo anello di questa catena sonora, penultimi per importanza e prestigio. Loro almeno producevano una forma di rumore riconoscibile, un tintinnio chiaro. Niente a che vedere con i suonatori di legnetti. Essi facevano un toc sordo, impercettibile, umiliante. Cosa fai allo spettacolo di fine anno? Io faccio toc. Potrei riassumere così le mie prodezze artistiche ai tempi della scuola. Ho continuato a credere a mia madre anche in età puberale, quando mi vietava di depilarmi, perché secondo lei la depilazione incattiviva i bulbi, al massimo i baffi potevo schiarirli con una crema al plutonio capace di renderli fosforescenti, sostituivo i baffi con la scritta al neon BAFFI e a Carnevale potevo travestirmi da Zorro brilla al buio.

Ma credevo a tutto, sospendevo il giudizio perché i genitori sembrano maghi. Hanno tutte le risposte, dominano gli elementi, possiedono questi bancomat da cui tirano fuori i soldi anche quando sostengono di non averne. Mettono insieme il pranzo con la cena, guidano, se qualcosa si rompe la sanno aggiustare, creano la vita, altri bambini, fratelli e sorelle. La semplicità con cui compiono ogni gesto li rende fenomeni paranormali, sembra che non facciano fatica. Qualche volta però si intuisce il trucco. Con i trucchi è così: basta sospettarne uno e ogni incanto si rompe, basta vedere una lacrima, un indugiare, una promessa non mantenuta e si insinua il dubbio e dopo il dubbio la certezza che no, i genitori non sono maghi, sono solo prestigiatori. È una scoperta che cambia il modo di intendere il mondo, ci si può sentire presi in giro, truffati, c'è così bisogno di credere alle magie ma poi, a pensarci bene, i genitori sono persone che imparano a far sembrare possibile l'impossibile, lo fanno per necessità, ma soprattutto per amore e la fede si trasforma in fiducia che è una cosa tutta terrena, umana, fragile e resistente insieme, ma questo accade se si ha fortuna.

Nel *Desiderio di essere come tutti* Francesco Piccolo racconta la perdita della fede, il momento in cui scopre che sua madre è una prestigiatrice per giunta scadente.[3] Piccolo è di Caser-

[3] Piccolo usa l'aneddoto per raccontare altro, ma io lo trovo un episodio emblematico rispetto a quanto sostengo. Se qualcuno farà avere a Piccolo queste pagine e lui penserà: "Oddio questa non capisce niente", mi impegno a eliminare il paragrafo nelle prossime edizioni.

ta, da bambino trascorre le estati a Baia Domizia, è durante la nona estate al mare della sua vita che esplode il terrore del colera. Sono stati registrati alcuni casi a Napoli e, come accade nell'infanzia, le paure lievitano incontrollate nella mente di Francesco. Ipocondriaco in erba, non fa che attendere il giorno in cui verrà colto da una terribile fitta alla pancia, premonizione di morte certa. E quel giorno arriva, mentre è al cinema, il piccolo Piccolo si piega in due dal dolore, moti intestini preannunciano ferali sciagure, è sicuro sia giunta la sua ora quando a casa dà tutto sé stesso in bagno. Dal bagno esce a braccetto con la nera signora e va dalla mamma, più che altro per informarla che sta per perdere suo figlio, un figlio che una quarantina di anni dopo avrebbe vinto un premio Strega, non uno qualunque. Lei sorride e gli rivela di averlo purgato a sua insaputa[4] e proprio non aveva fatto due più due, cioè non avrebbe mai immaginato che il mal di pancia da Guttalax potesse essere scambiato per un prodromo del colera. Francesco prima gioisce per avere ancora del tempo da trascorrere in questo mondo, poi si deprime perché non può credere che in questo mondo l'abbia messo una donna così superficiale. Usa questo termine: superficiale. La signora non ha seguito il protocollo, un momento di debolezza e dalla manica le è caduta la carta nascosta.

La carta che si deve maneggiare con maestria è solo una, ripetuta per un mazzo intero, ed è la responsabilità. Assumersi le proprie responsabilità, non scaricarle, non caricarle d'ansia, gestire lo stress, essere presenti a sé stessi e agli altri implica uno sforzo, una costanza e anche una determinazione erculee, essere adulti è spossante.

[4] La madre di Piccolo dopo le vacanze è solita "pulire l'intestino" ai figli, in vista dell'inizio delle scuole. Io ero rimasta all'acquisto del portapenne nuovo come gesto che sancisce il cambio di stagione, ma ognuno ha le proprie abitudini.

Forse è per questo che in tanti passano la mano. Nell'epica delle mie amicizie è ormai leggenda la volta che il figlio seienne di Camilla, informato che avrebbe trascorso il weekend con il papà, disse serissimo: "Con papà? Da solo? Senza adulti?"

Adulti che hanno bisogno di un adulto d'appoggio, un format di grande successo.

Eppure io la mamma di Piccolo e l'ex di Camilla li capisco, come capisco papa Ratz e chiunque abbia la tentazione di abdicare, di dimettersi sotto la pressione della responsabilità. Capisco la tentazione di alzare il braccio e urlare PUGNO! TEMPO! ARIMO! Guardare le persone che ti circondano e chiedere: ma come vi è venuto in mente di aspettarvi delle cose da me? Un lavoro portato a termine nei tempi previsti. Una scadenza rispettata. Una cena pronta. Un discorso di senso compiuto. Una visita prenotata. Com'è successo che vi abbia dato questa pessima abitudine? Come ho alimentato tutte queste aspettative? C'è un'intera generazione che convive con questa tentazione, l'*era paracula* la chiama Enrico Dal Buono che ha quattro anni meno di me ma due lauree in più e descrive la nostra età come il tempo in cui le opinioni sono il surrogato delle responsabilità: "Imitiamo convinzioni, scimmiottiamo decisioni, fingiamo scelte. È come se esprimere un'opinione dietro l'altra ci affrancasse dalla responsabilità di risoluzioni concrete."[5] Lo scrive su *Linkiesta* a proposito della gestione scaricabarile tra governo-regioni-cittadini durante la prima ondata della pandemia, ma in realtà il caso è un pretesto per una riflessione ampia sul tema:

[5] Noto con piacere che anche Dal Buono usa la vecchia tecnica del plurale maiestatis quando vuole dire qualcosa di sgradevole, in modo da non sembrare un trombone borbottone, ma un ironico autocritico. Il problema è sempre lo stesso, né io né Dal Buono ci sentiamo a nostro agio in un club che ci voglia tra i suoi membri.

> La responsabilità comporta un effetto collaterale: scontentare qualcuno. Decidere significa abortire futuri possibili, arginare il caso [...]. Così, un certo evento non sarà più il volere di Dio, o del destino, o del fato: sarà il nostro volere. Decidere significa assumere su di sé la possibilità della colpa.

Crescere è imparare a deludere. E questo non l'ha detto Dal Buono, ma l'ha detto mio padre, una volta che mi raccontò di come sua madre lo volesse prete e come invece lui non la assecondò. Nonna Marta morì dopo poco, a lui rimase l'angosciosa consapevolezza di averla salutata dandole un dolore. Però col tempo aveva capito che si diventa grandi proprio così, deludendo le aspettative dei genitori, degli amici, per esempio, rompendo dei patti, scoprendo che ogni scelta comporta una perdita. Si delude in amore: *de ludere* è letteralmente uscire dal gioco (il contrario di illudere, *in ludere*, entrare nel gioco), uscire dal gioco, spezzare un accordo. E chi fa finire un gioco, a ben pensarci, è quasi sempre un adulto. *Crescere è imparare a deludere*, lo riscrivo pure in corsivo perché suona bene, bravo papà, batti cinque alto, sei stato un buon prestigiatore e soprattutto non mi hai mai purgato a mia insaputa, anche se una volta tu e la mamma mi avete dato per errore del latte scaduto e l'effetto più o meno è stato lo stesso. Che poi lo sappiamo, papà, che la parte più complicata è accettare di deludere i propri figli, lo sappiamo, papà, che la mia generazione è l'ultima ad aver ubbidito ai propri vecchi e la prima a ubbidire ai propri bambini.

Tempo fa scrissi un monologo che voglio riportare, un pezzo surreale che inizia con me seduta in platea durante un saggio di Natale.[6] Mi giro verso un mio simile, un altro genitore, e gli bisbiglio all'orecchio:

"Ma a te, t'hanno già sgamato?"

"In che senso?" è perplesso, vuole seguire la performance della sua piccola bambina-muschio.

"I tuoi figli, dico, t'hanno beccato? Cioè lo sanno già che gli adulti non esistono? Lo sanno che non hai la più pallida idea di che cosa stai facendo con la loro vita?"

"Ah no, no, ancora sembra di no."

"Neanche i miei, ma è anche vero che Lorenzo crede che la sua fatina dei denti sia araba perché all'ultimo incisivo caduto non avevo monete in casa e gli ho smollato una manciata di dirham del viaggio a Dubai."

"Dici che hanno bisogno di credere in noi come credono a Babbo Natale?"

"Tipo, solo più a lungo."

"Eh, ma lui è bravo, non è che la notte del 24 si faccia trovare a piangere in bagno perché è sconfortato dall'ansia di non farcela. Babbo Natale non si incazza e non urla contro gli elfi se non lo ascoltano o se non fanno bene i loro compiti da elfi. Non perde la pazienza, Babbo Natale, è rassicurante, gentile, sa cosa è bene e cosa è male."

"Che poi un giorno solo all'anno, eh, sai che fatica..."

"Infatti, quel gran culo di Babbo Natale, un solo giorno, non tutto l'anno, weekend con il cagotto inclusi, questa cosa di essere un adulto credibile per 365 giorni 24 ore su 24 mi pare una pretesa assurda. Io ora vado dai miei figli e glielo dico: gli adulti non esistono."

[6] Mio figlio fa il bue, per non interrompere la tradizione dei ruoli umilianti negli spettacoli delle scuole elementari.

"Aspetta, sei sicuro di volerlo fare?"

"Dici che non è il caso, sono troppo piccoli?"

"Tu quando hai scoperto che gli adulti, sì insomma, erano solo i tuoi genitori, gli zii, i grandi... travestiti?"

"Tardi, ma è perché i miei erano molto bravi, determinati, erano altre generazioni, meno dubbi di adesso, meno domande, seguivano il programma."

"Sì. Ora è diverso. L'altro giorno, ero molto stanca, Marta, la mia più piccola, mi ha guardato e mi ha abbracciato, poi con la mano mi ha fatto una specie di pat pat sulla schiena, sembrava un incoraggiamento, mi è parsa così grande..."

"Temo che il problema sia questo, sai..."

"Quale?"

"Che il momento in cui smettono di credere in noi, quello è il loro turno di fare gli adulti."

"Possiamo darci ancora qualche anno, allora. Io comunque quella cosa di aspettarli fuori dalle discoteche non la farò mai."

"Se vuoi prendo io anche i tuoi ragazzi, quando sarà il momento."

"Sei gentile, ora però scatta qualche foto della recita o ci beccano."

"E tu commuoviti un poco, mimetizzati con gli altri."

"..."

"Buon Natale, eh."

"A te e famiglia."

È un dialogo consolatorio, perché la stanchezza del crescere quando è condivisa è meno stanchezza, così come è meno gravoso quel peso sullo stomaco, la consapevolezza di far parte di una comunità di principianti (genitori e non), persone che, per quanto apparentemente sicure, improvvisano e sperano. Sarebbe bello andasse così. Invece va più cosà, cioè va che tra adulti ci si conforta poco e sgrida tanto. Gli sconosciuti mi sgridano per le cose più disparate. A scuola il bidello mi sgrida perché non sto negli orari e poi devo chiamarlo assistente scolastico altrimenti mi sgrida ancora di più. Oggi mi ha sgridato quella della lavanderia perché le ho lasciato troppo il piumone, pure la Vodafone mi ha sgridato perché secondo lei ho un contratto sconveniente, ma me lo ha fatto lei, signora Vodafone, non importa dovevi accorgerti della sconvenienza. Il dentista mi sgrida perché non lavo i denti nel senso corretto, io che non ho mai avuto una carie, dice che è fortuna, non dipende dalla mia diligenza. Mi sgrida l'anziana per strada perché non copro abbastanza la mia neonata. Mi sgridano e meno male che non guido, perché dovrei parcheggiare dietro una lavagna con il cappello d'asino. Magari sono io l'ipersensibile, in effetti ho smesso di frequentare un tizio che si divertiva a sgridare i baristi quando non rilasciavano lo scontrino. So benissimo che va rilasciato lo scontrino, ma se non te lo danno chiedilo, depenna il bar dalla tua lista dei buoni, la ramanzina no però, ti prego. Non parliamo delle sgridate perché il passante porta la mascherina alla bella marinara, mentre tu la porti come l'onda, come l'onda in mezzo al mar. Io la porto con il naso un po' fuori, ma vallo a spiegare che non c'è volontà, è che per coprirlo tutto il naso ci vorrebbe una tenda Quechua. Per gli sgridatori la massima di mio padre si trasforma in *Crescere è imparare a dirsi delusi e a farlo notare.* Io faccio notare invece che sgridare è il tratto più irritante dell'essere adulti, in qualche modo quello più infantile, perché è un fiotto di isteria che si esaurisce senza sortire grandi risultati.

Mi chiedo se esista un riposo alla fatica di crescere e trovo l'illuminazione tra le pagine dell'*Arte del romanzo* di Kundera.[7] Uno stralcio:

> Scelgo la parola tenerezza. Ed esamino questa parola: che cos'è in realtà la tenerezza? Arrivo a una serie di risposte: "La tenerezza nasce nel momento in cui, rigettati sulla soglia dell'età adulta, ci si rende conto con angoscia dei vantaggi dell'infanzia, i vantaggi che da bambini non si potevano capire". E poi: "La tenerezza è il terrore di fronte all'età adulta". E ancora un'altra definizione: "La tenerezza è il tentativo di creare uno spazio artificiale in cui valga il patto di trattarsi l'un l'altro come bambini".

La tenerezza, nell'accezione di Kundera è un sentimento altruistico, non vale l'autocompiacimento delle proprie debolezze, si prova in due. Così il patto della tenerezza diventa il conforto, un patto di cui non si deve abusare, ma che ogni tanto consente di appoggiare il carico delle proprie responsabilità e tirare il fiato.

Ecco, papà, ho una massima per te: la tenerezza è il riposo tra adulti. Io quel patto di cui parla Kundera lo lego all'amicizia, gli amici mi alleggeriscono e mi riposano. Con Vittoria, per esempio, abbiamo l'abitudine di incontrarci per un bicchiere di vino, mentre le nostre figlie si vestono da sirene e volteggiano in salotto in una panatura croccante di brillantini. Ogni tanto i loro echi arrivano in cucina, ci chiamano, "Resisti," ci diciamo, tanto lo sappiamo che non hanno davvero bisogno,

[7] È bello quando gli scrittori sembrano leggerti nel pensiero, anzi quando prendono il tuo pensiero e lo calciano più in là verso la porta.

vogliono solo essere viste, guardate mentre ridono, la felicità è esibizionista. Ridiamo anche noi, di noi stesse, ed eccola la tenerezza, noi che ci nascondiamo a fumare in balcone, che "le mamme devono parlare di lavoro", appoggiando il palmo della mano sulle schiene per spingerle al largo, noi che non siamo più ragazze ma donne fatte e sfinite. Noi che *campare o non campare, non c'è educare*. Mentre allunghiamo un Kinder prima di cena per ritagliarci un'altra mezz'ora di tranquillità.

Ci mettiamo lo smalto, di là si truccano gli occhi e le guance, le guardiamo: "Come crescono non ci si può credere." Marta e Baby P, così la chiama Vittoria, a volte sembrano indietreggiare si fanno piccole piccole ma è solo la rincorsa per saltare, alzarsi di scatto, si fanno l'infanzia tre gradini per volta. E a noi? A noi quando arriva questo benedetto scatto di crescita? Ridiamo.

Facciamo a gara di stanchezze, di psicocazzate, quello è un narciso, l'altro è un Peter Pan, i nostri coetanei hanno tutti una malattia mentale da diagnosticare. Mi aiuti a odiare qualcuno? mi chiede. Inventiamo nomignoli indegni per uomini e donne che ci danno fastidio, a turno ci coalizziamo contro gente che non abbiamo mai visto, un po' ci bulliamo. Quando è l'ora di andare, sulla porta, guardiamo il casino lasciato dalle pazze sirene, la prossima volta le dico che facciamo da me: per vino, stanchezza, casino tra amiche si fa alla romana. Il bello è che dopo mi prende un'allegra euforia, sono entrata pesante e ne esco leggera e penso chi l'avrebbe detto che da adulta avrei dato la vita e l'avrei vista saltare accanto a un'amica.

FATICA NUMERO 7. I SOCIAL

Di come mostrosocialopoli si alimenti della nostra energia e del perché, ogni volta che parte un trenino stile meu amigo Charlie Brown, senta il desiderio irrefrenabile di scappare.

Le folli notti del dottor Jerryll è un film del 1963, una commedia americana ispirata al racconto di Stevenson. Jerry Lewis è uno sfigatissimo scienziato inventore di una pozione che nottetempo lo trasforma in un affascinante sciupafemmine. Lo vidi che avevo sei anni, non dormii per giorni, colpa della scena di trasformazione dove il protagonista beve il miscuglio miracoloso, rantola e cade per terra, nonostante cerchi di rialzarsi artigliando il tavolo con la mano. E fu proprio la mano di Jerry Lewis a terrorizzarmi. Perché? Perché io adoravo Picchiatello, quel ragazzone non cresciuto, che anche quando si innamorava si innamorava come i bambini, con quella vocetta nasale buffa. Però poi saltò fuori la mano inanellata, grande, piena di peli, i peli salivano sul dorso, sulle dita. La mano pelosa smascherava un travestimento, faceva sembrare Picchiatello un lupo sotto l'abito da nonnina di Cappuccetto Rosso.

Tutto questo lungo preambolo per dire che non guardo più i film di Jerry Lewis e mi tengo alla larga dagli horror, ho un cattivo rapporto con la paura indotta, non la trovo catartica. Mi impressionano anche le trame, le sinossi, sono invenzioni lo so, ma che ci siano delle persone, degli sceneggiatori, dei registi impegnati in pensieri così raccapriccianti e con tanta dedizione mi inquieta. I miei amici lo sanno e per scherzare di tanto in tanto mi mandano qualche spezzone. Arrivo al punto. Ho scoperto l'esistenza di *The Human Centipede* (*First Sequence – Full Sequence – Final Sequence*), una saga incentrata sulle vicende di un chirurgo pazzo che "unisce" tre persone per creare un trenino umano con un unico apparato digerente. Lascio qualche secondo per visualizzare, se la fantasia di chi legge non si spinge a tanto rinvio in nota.[1] Ecco. Quando capito in qualche orrenda pagina Facebook, quando leggo l'escalation di commenti innescati da alcuni post, quando ho la tentazione io stessa di partecipare a una discussione online, mi fermo, dico ad alta voce: "The Human Centipede" e stacco tutto. Perché i social talvolta riescono a essere proprio questo: una catena umana di merda,[2] un domino fondato sul conflitto. Non uso la parola conflitto a caso, Facebook ma anche Twitter e Instagram sono ingegnerizzati per agevolare il conflitto, perché il conflitto genera *engagement* (per *engagement* si intende il tempo trascorso a spippolare davanti allo schermo) e l'*engagement* è letteralmente denaro e investimento per gli inserzionisti.[3]

[1] Il buon chirurgo unisce le tre vittime, che restano in vita per tutto il film, cucendo l'ano dell'una alla bocca dell'altra. Tre vittime per *First Sequence*, dieci vittime per *Full Sequence*, centinaia di vittime per *Final Sequence*. Un trenino di capodanno ma schifoso. Ora, mi si perdoni, vado a vomitare.

[2] La tocco piano subito, ma poi farò i miei distinguo.

[3] Perché il conflitto genera *engagement*? La risposta è sotto gli occhi di chiunque abbia un profilo attivo: io voglio dimostrarti che ho ragione e tu torto, voglio definire la mia identità sull'opposizione alla tua, voglio chiarire. Ci volessero anche giorni di insulti, io non mollerò la presa, ti chiarirò in ogni modo che sei un emerito coglione.

Procedo sul filone filmico. *Monsters & Co.* è una pellicola di animazione del 2001,[4] a prescindere dalla bellezza del disegno e dalla brillantezza della sceneggiatura, quello che colpisce nel capolavoro della Pixar è la genialità del soggetto. Quel fenomeno di Pete Docter si è inventato una città abitata da mostri di ogni genere che ricava l'elettricità dalle urla dei bambini umani. Gli addetti allo spavento si intrufolano nelle camere dei piccoli durante la notte al solo scopo di farli gridare di terrore. Non scendo ulteriormente in dettagli (ma davvero non avete visto *Monsters & Co.*?), dico solo che alla fine del film si scoprirà un'altra fonte di energia inestinguibile, efficace e pulita: la risata infantile.

I social sono come Mostropoli, si alimentano perlopiù di quell'energia potente che è la polemica inutile, aggressiva e a volte crudele. Non solo, certo, si alimentano anche di contenuti interessanti, ben articolati, che fanno ridere e riflettere, ma è una fonte alternativa purtroppo secondaria. Continuando nella metafora, l'energia che illumina Mostrosocialopoli è la nostra, noi che ne usciamo distrutti e frustrati, o magari anche soddisfatti per esserci fatti valere, ma comunque stanchi. È una stanchezza mentale della peggior specie perché basata sulla confusione tra opinione e pensiero. Per il pensiero ci vuole tempo, cultura e lucidità. Per l'opinione ci vuole un articolo che si ritiene attendibile e la fretta di farsi una ragione delle cose per avere ragione sulle persone. Per usare un linguaggio caro alla tecnologia, il vecchio processo acquisizione dei dati/elaborazione dei dati/distribuzione dei dati è saltato, si passa

[4] Potrei andare avanti a citare cose cinematografiche a caso per altre ottocento pagine ma, a parte il riferimento a Jerry Lewis che è superfluo e mi toccherà togliere dalle bozze (ma dovevo parlarne con qualcuno di questa mia fobia), i riferimenti che sto inserendo hanno un senso, basta avere fede.

direttamente dall'acquisizione alla condivisione senza una vera interiorizzazione. Perché poi bisogna acquisire altri dati per condividerli ancora. Come nel sonno REM, quando si vedono gli occhi sfarfallare da sotto le palpebre, lo facciamo, ma da svegli. Uso il plurale maiestatis per non sentirmi sola, ma sto parlando soprattutto di me che ho un account attivo da almeno dieci anni, ho un buon numero di follower (sessantamila su Facebook) e una certa esperienza di interazioni, di urla,[5] ma soprattutto di risate.

Proprio la mia esperienza mi porta a dire che c'è una stretta correlazione tra le dinamiche social e le dinamiche adolescenziali. Sulle varie piattaforme anche quelli che sono nati prima del 1980 tornano a essere quarantolescenti, cinquanteenager e via così.[6] Gli stati d'animo dominanti sono amore-delusione-odio, dove la delusione è l'emozione intermedia, di transizione, tra le prime due. Alle superiori, di fronte al passo falso di un amico o di un conoscente, usavamo l'espressione "tizio mi è scaduto", per scadere al tizio bastava interessarsi a una ragazza sbagliata oppure dire qualcosa di stupido, essere fan dei Blur invece che degli Oasis, essere fan degli Oasis invece che dei Blur. I rapporti a breve scadenza sono tipici di quell'età, amori che avvampano e finiscono nel giro di una stagione, di una vacanza, dove ti giuri amicizia eterna e invece ti perdi di vista che hai ancora il segno dell'abbronzatura. Rapporti facilmente deteriorabili, esattamente come sono le relazioni sui social. Ci si perde di vista dopo le vacanze, scadi perché scade il tempo di atten-

[5] Conto anche io qualche disgustoso centipede sulla mia bacheca, ma davvero pochi considerando il numero di commenti ai miei post.

[6] Sì, riparlo ancora della resistenza a comportarsi da persone mature, gne gne gne.

zione o scadi perché hai fatto qualcosa di deludente per il tuo interlocutore e lui per te. Non è sempre così, c'è gente che sui social si è sposata, certo certo, lo so, e io sono ancora molto amica di un mio compagno delle medie, però mi riferisco a una tendenza, a un atteggiamento. Al linguaggio dopato da dedica sul diario, al "genio", "adoro", al trittico amore-delusione-odio che si traduce in ti lovvo-mi scadi-ti banno, alle citazioni di Alda Merini che assomigliano a quelle di Jim Morrison della Smemo che fu.

"Adolescente" non è un insulto, sia chiaro, viene da *adolescens* participio presente di *adolescere* composto da *ad* rafforzativo e *alere* nutrire. Nutrirsi, continuare a crescere. In questo senso tutte le età hanno il loro lato adolescenziale. Solo che spesso sui social *adolesciamo* male, esasperiamo il lato transitorio delle frequentazioni, confondiamo il piacersi con il volersi bene davvero. L'affetto profondo accetta il nonostante, mi spingo oltre, si fonda sul nonostante, nonostante il disaccordo, nonostante le liti, nonostante le frasi infelici, nonostante il non piacersi. Sui social il nonostante è bandito perché siamo quello che diciamo, siamo le nostre parole, in quel momento preciso, in quel post.

L'adultolescente social, proprio come un teenager, è in cerca di un'identità precisa, che lo faccia sentire dalla parte giusta, al sicuro.

Della questione parla, seppur indirettamente, Guia Soncini nel suo spassoso saggio *L'era della suscettibilità*. Io provo qualcosa per la Soncini, una specie di amore timoroso o di odio affettuoso. Quando un uomo ti molla senza motivo e non si fa più sentire, le amiche spesso ti consolano con quella frase insensata che è "sei troppo intelligente, lo spaventi". Ed è per il 99,9 per cento dei casi una clamorosa boiata,[7] lo 0,1 per cento lo riservo a Guia Soncini, io lei la mollerei perché è troppo intelligente e mi spaventa. I suoi articoli mi fanno divertire e annuire, ma anche pensare: "Speriamo che non sappia mai chi sono, che non si imbatta nelle cose che scrivo nemmeno per sbaglio, che mi ignori per sempre." Fine della dichiarazione d'amore per Guia che, in un prologo eccezionale, scrive:

> Questa non è un'introduzione.
> Questo è un elenco di parolacce.
> È un glossario della neolingua di quest'epoca, quest'epoca in cui l'importante è appartenere a una categoria (*representation matters*, *identity politics*), l'importante è avere dei punti deboli (*trigger warning*), l'importante è offendersi e chiedere la testa (*cancel culture*) di chi ha osato violare la nostra zona senza traumi (*safe space*), l'importante è avere un repertorio (un armamentario sarebbe definizione più precisa) di fragilità che ci renda speciali ma uguali (*me too*), l'importante è far capire con ogni parola che noi siamo nel Club dei giusti, siamo dalla parte dei buoni (*virtue signaling*).

E ancora:

[7] Io me lo sono sentita dire infinite volte. Sto cercando di brevettare le mie sinapsi spaventose come cura per il singhiozzo. Ho l'intelligenza terrorizzante, se ti avvicini al mio orecchio puoi nitidamente sentire la pianola dei Goblin o le due note dello *Squalo*. Per quanto ne so io, l'intelligenza (come l'olio d'oliva nella focaccia bianca) non è mai troppa, non si è mai troppo intelligenti, al massimo si è troppo rompipalle. E comunque vorrei lanciare una petizione per alzare la soglia di sopportazione degli uomini. Stop alla produzione di gonadi soffiate da mastri vetrai di Murano, stop ai maroni di Boemia.

[...] questo è il tempo del sentire, non dell'ascoltare. Del sentire inteso come *to feel*: provare emozioni, considerare sacre le proprie sensazioni.

Dell'incipit del saggio della Soncini mi colpisce soprattutto quel riferimento al repertorio di fragilità che "ci renda speciali ma uguali".[8] Non che abbia bisogno di nuove argomentazioni, il libro è ricco di casi esaustivi, ma credo di aver trovato una frase, un assunto riportato su mille bacheche, condiviso e ricondiviso, che fa al caso suo e al caso mio.

È un aforisma attribuito al regista Carlo Mazzacurati e dice: "Ogni persona che incontri sta combattendo una battaglia di cui non sai niente. Sii gentile. Sempre." È un bell'invito alla tolleranza, all'avvicinamento all'altro. E invece no, no perché in realtà Mazzacurati la dice così, ma l'adultolescente social la legge e pronuncia cosà, cioè: "IO sto combattendo una battaglia di cui TU non sai niente. Sii gentile e se non sarai gentile io mi sentirò ferito, mi offenderò e ti chiederò delle scuse."

L'adultolescente social ama descriversi come impegnato in prima linea nella propria battaglia. Una battaglia che toglie le forze, fatta di "piccoli-grandi" gesti, "piccoli-grandi" alleati, "piccole-grandi" emozioni, "piccole-grandi" stanchezze, "piccoli-grandi" eroismi, perché sì siamo piccoli-grandi eroi. Piccolo-grande è un nuovo aggettivo, una nuova unità di misura, piccolo grande come l'amore di Baglioni, che era infatti un amore tra adolescenti.

La frase di Mazzacurati, così intesa, assume un tono ricattatorio, perché è la sofferenza a meritare gentilezza, una for-

[8] Speciali ma uguali. Aggiungo unici ma in buona e affollata compagnia. Fa sorridere l'account Facebook di un noto autore nato dal web e cresciuto in Rizzoli che ha come motto "Siamo solo per pochi". La pagina è seguita da 542.000 persone.

ma di rispetto, cura, amore. Allora ognuno si stringe forte il proprio repertorio di traumi o ferite, piccole (le grandi ferite difficilmente vengono mostrate). Se c'è una cosa che vogliono gli adultolescenti è essere rispettati, curati, amati in particolar modo dagli sconosciuti.

Ho un'amica che da ragazzina mi invidiava i genitori separati. Aveva una famiglia felice, il padre e la madre si baciavano ancora, con la lingua, li avevo visti persino io. Con quei genitori alle spalle non aveva nessun fascino, nessun motivo per essere arrabbiata o giustificata nei suoi malesseri, lei non *c'aveva i probbblemi.* All'improvviso si lasciarono i suoi nonni e lei provò a farne una malattia, provò perché non ci riuscì, nessuno avrebbe detto mai: "Devi capirla, povera Irene, c'ha i nonni divorziati", c'era da ridere. In effetti anni dopo ridemmo di quell'assurdità e io rincarai, in un domino di desideri tragicomici, raccontandole che a mia volta fantasticavo di essere orfana.

Accadde quando fui lasciata da un tipo con i pantaloni bracaloni e ne soffrii, cercavo il modo di richiamarlo a me, allora immaginavo che mamma si ammalasse e che lui tornasse per sostenermi, facevamo un amore struggente, io ero scossa dai singhiozzi e dopo mi addormentavo tra le sue braccia. Mamma se ne andava, ma comunque alla nostra prima figlia davo il suo nome[9]. Mi vergogno a scriverlo dopo tutti questi anni, ma lascio la confessione imbarazzante per spiegare come, anche oggi, il *c'ha i probbblemi* o meglio *c'ha la dolorosa battaglia di cui non sai niente, ma che presto ti racconterà* sia un perno dello stare al mondo social. Gipi, artista che è troppo intelligen-

[9] Da ragazzina uccidevo anche la nonna e il nonno, ma funzionava solo per piccole cotte, più cresci e più hai bisogno di drammi all'altezza dell'amore.

te ma non mi spaventa, in un'intervista all'*Huffpost* indaga la tendenza all'uso della *dolorosa battaglia* proprio per definirsi, darsi una collocazione. Usa il termine offese invece che ferite o dolori, ma l'argomento resta contiguo. Ne riporto un brano:

> Se sei vittima di offese molto superficiali può capitare di utilizzare queste offese per darsi un'identità, un senso, per fare squadra e trovare un motivo di lotta. È una cosa che vedo succedere tra molti ragazzi giovani. Come se le asperità dell'esistenza, invece di essere affrontate e risolte, potessero essere piegate in una ennesima forma di narcisismo, in una affermazione di sé.

Gipi non si tira fuori, anzi, riconosce nella propria opera autobiografica (*La mia vita disegnata male* in particolare) un motore simile, una forma di narcisismo della debolezza, un compiacimento della ferita. L'intervistatore cerca di riportarlo a un piano artistico, tipo "ma che dici? Sei Gipi, mica un adultolescente qualunque".[10] E lui introduce un concetto nuovo, quello del mettersi in posa. La sua posa era la supermodestia. Lascio parlare lui:

> Anche la super modestia, il dire "ehi, guardate cosa è successo a questo coglione", il rappresentarsi come un idiota era una posa, una forma di narcisismo, anche se inconsapevole. Ero sincero quando lavoravo in quel modo. Ero convinto di essere autentico. Lo facevo proprio per questo: per una ricerca di autenticità. Ma con gli anni ho perduto questa fascinazione per "l'autenticità". Nelle storie mi sono messo nella posizione

[10] Questo lo dico io, non il giornalista, che comunque sono certa l'abbia pensato.

del debole, dello scemo, della vittima pure, e solo dopo anni ho capito che era anche quello un modo per chiedere amore agli sconosciuti. Come fanno tutti, ogni giorno. E di chiedere amore agli sconosciuti ci si dovrebbe un pochino vergognare. Io, quantomeno, oggi me ne vergogno.

Io sono lieta che non se ne sia vergognato ieri, altrimenti avremmo perso pagine e pagine meravigliose. Detto questo, più che la vergogna, sottolineo un altro effetto collaterale dello stare in posa a favore di post: la fatica che comporta. È come se tenessimo la pancia in dentro tutto il giorno (o tutta fuori, grottesca, come per posa da freak di Gipi), esercitando un costante controllo su noi stessi e indirettamente sul giudizio altrui, sia negli scritti sia nelle immagini.

Ho una foto in salotto. Mia madre e mia zia sono sedute sulle rive di un fiume, hanno venti forse ventitré anni, mia zia guarda verso l'orizzonte con in testa una coppola da uomo, mia madre è chinata e si tocca un piede. Porta un foulard da contadina e degli occhiali da sole. È una foto bellissima, loro sono serie, giovani, imbronciate come bambine. Non esisterebbe quella foto oggi, l'avrebbero cancellata. "Non mi taggare," avrebbe detto mia zia, "non vedi che sembro un maschio?" Anche mia madre si sarebbe lamentata: "Mi sto pulendo un'unghia, che schifo." E sarebbe stato un tale peccato.

Le foto erano attimi rubati, anche quando non lo erano, anche quando ci si metteva a favor di luce. Le madri avevano il ventre rilassato e strizzavano gli occhi, i bambini infilavano le dita nel naso, si grattavano il sedere da sotto le gonne della festa. I gruppi erano i miei preferiti, tutti gli amici in gita, tutti a guardare in direzioni diverse, scoordinati. Erano tempi di foto dove sorridevi e non guardavi. E non guardavi davvero, non perché fingevi fantomatico mistero e nobile distrazione. Una settimana era il tempo che ci voleva tra lo scatto e lo sviluppo, da qualche parte sapevi che c'era una versione di te imprevista, uno sguardo, un sorriso, una sorpresa. La realtà non era nemmeno lontanamente corrispondente alla fantasia del momento, le foto erano belle perché fuori controllo e perché ti raccontavano senza riguardo la verità. A un certo punto c'è stato un ribaltamento, ora sei tu a dover dire delle cose di te agli altri attraverso le foto. Le foto non sono più ricordo ma rappresentazione costante, un presente in cui bandiamo l'imprevisto e censuriamo ciò che riteniamo antiestetico, qualunque sia il nostro concetto di estetica, per un risultato prevedibile e noioso. Là dove la noia è stanchezza anch'essa, solo più pigra e accidiosa.

In questa breve descrizione dell'adultolescenza social, non posso non citare la grande protagonista delle interazioni digitali: l'invidia. Sui social si rosica, si critica come nemmeno sui banchi di scuola e se non si commenta apertamente si commenta in una chat privata con altri adultolescenti.[11] È chiaro che la vera vittima dell'invidia non sia l'invidiato, ma l'invidioso. Dante Alighieri gli invidiosi li mette nel purgatorio, perché un pezzetto di inferno l'hanno già vissuto sulla terra, sui social aggiungerei io a posteriori. Le vite degli altri ci appaiono migliori, più ben impaginate, con le tonalità giuste di ottanio,[12] più scandinave delle nostre. Nelle vite social degli altri le persone mettono i cappottini alle tazze per tenerle al caldo, è una strana abitudine, ma è una delle conseguenze della moda del-

[11] In questi tempi incerti, una sola grande sicurezza: siamo tutti, nel bene e nel male, lo screenshot di qualcuno là fuori, che ci segue e in separata sede ci prende in giro in una chat privata.

[12] Io non sapevo nemmeno dell'esistenza dell'ottanio finché non l'ho visto in tutte le case, di tutte le influencer di Instagram.

l'*hygge*,[13] e poi nelle vite degli altri gli altri fanno un bel lavoro o un bel viaggio o pubblicano bei libri o leggono bei libri o accarezzano gatti norvegesi. Gli altri pubblicizzano la propria vita, nel senso che la rendono pubblica, ma spesso la monetizzano anche, sponsorizzano i profili, gli altri sono influencer. E tu sei invidioso, bonariamente invidioso, aspirazionalmente invidioso, terribilmente invidioso. Mi viene in mente John Berger in *Questione di sguardi*, quando spiega che l'intera comunicazione pubblicitaria si fonda sul piacere di essere invidiati, un'invidia che secondo Berger diventa glamour. Non solo l'erba del vicino è più verde, ma l'auto del vicino è più veloce, la casa meglio arredata, la moglie meglio vestita. Un meccanismo che si fa desiderio di emulazione, motore dell'acquisto e del capitalismo intero. Sui social l'orto verticale del vicino è più verde, l'auto del vicino è più elettrica, la casa del vicino ha più vasi con l'effige di Frida Kahlo, la vicina single ha la cellulite e ci ha fatto pace grazie al #bodypositive, ma l'innesto dell'aspirazione per l'acquisto resta lo stesso. E mai come da giovani si vuole un oggetto perché lo indossa, lo guida, lo porta una compagna o un compagno invidiato. Il problema è che siamo troppo vecchi per tutto questo, non abbiamo il fisico, è troppo faticoso stare dietro alle fantasmagoriche vite dei vicini e cercare a nostra volta di fare invidia a qualcun altro in uno *human centipede* di gente seguita da un sacco di gente seguita da un sacco di gente seguita da un sacco di gente.[14]

[13] Wikipedia alla mano: "*Hygge* è un sostantivo delle lingue danese e norvegese impiegato per definire un sentimento, un'atmosfera sociale, un'azione correlata al senso di comodità, sicurezza, accoglienza e familiarità." Foglie gialle, zucche, bagni caldi, libri, coperte e tisane in tazze con il cappottino sono imprescindibili per chi vuole essere davvero *hygge*.

[14] Questa è una citazione di un pezzo cantato a *X Factor* da un Enrico Beruschi moderno che è poi sparito dalla faccia della terra.

Tempo fa, credendo di fare una battuta di spirito, ho scritto un messaggio a un amico: "Benedico ogni giorno il dio della dignità amorosa per non avermi dato Facebook ai tempi dell'adolescenza." Poi mi sono fermata a pensare agli ultimi dieci anni, a ogni volta che ho inviato un'erronea richiesta di amicizia alla nuova fidanzata del mio ex durante il proverbiale giro di ricognizione anche detto "periodico passaggio in rassegna dei profili caldi". A ogni volta che mi è partito un pollicione grande come una casa nel rileggere una vecchia chat di un vecchio flirt finito male. A ogni volta che ho dragato il web alla ricerca di notizie, relazioni, contatti peggio di un ufficiale della Stasi. E capisco che il dio della dignità amorosa mi ha evitato Facebook quando ero adolescente, ma mi ha donato una nuova umiliante adolescenza quando è nato Facebook, che è molto peggio.

FATICA NUMERO 8. LA BELLEZZA

Di come Nikka Costa mi abbia rovinato la vita e del progetto di lanciare l'hashtag #foodpositive per promuovere confezioni di merendine e surgelati con foto rigorosamente non ritoccate.

Fino a cinque anni ero certa di essere la più bella creatura del pianeta. Indossavo una calzamaglia nera e un body e ballavo nell'ingresso della piccola casa di via Napione 19bis. Fino a cinque anni ero convinta di poter volare. Sognavo spesso di correre e poi alzarmi da terra di venti centimetri, scivolando sull'aria come fosse ghiaccio. Una bambina di cinque anni è stata più addormentata che sveglia, quindi considerare il sonno la vita vera, a pensarci adesso, non è così strano. Ho capito di non essere la più bella creatura del pianeta quando mia sorella mi ha informato dell'esistenza di Nikka Costa. Guarda che Nikka Costa è più bella di te, ha gli occhi azzurri e i capelli biondi ricci, il nasino all'insù, un sorriso grazioso. Dopo Nikka Costa non ho più volato. È come se il mio corpo d'improvviso avesse preso peso, consistenza, fosse sceso a terra. Sceso a terra da un altro pianeta, perché lo sentivo alieno. Coltivai l'irrazionale dubbio che il corpo dolesse a tutti, ma siccome era un male che affliggeva l'umanità dalla nascita nessuno ci faceva più caso. Solo i neonati piangevano, perché dovevano ancora abituarsi. Prendevo consapevolezza della lingua nella bocca, dei piedi che sono mani sottosviluppate, della pelle che si estende ovunque. Dei pori. Mi confrontai per la prima volta e non smisi più. I corpi si definiscono nel confronto.[1] Iniziava in quegli anni la relazione più lunga e duratura della mia vita, quella con i miei difetti. Il primo bacio l'abbiamo dato io e il mio naso, al cinema con gli amici ci andavamo io e il mio naso, in macchina con qualcuno che mi piaceva eravamo il qualcuno, io e il mio naso, di profilo. Ogni cosa veniva fatta da me pensando a lui, a come renderlo sopportabile, addirittura simpatico, un cugino mezzo scemo che porti a una festa e che ti fa stare tutto il tempo in allarme. Non c'era solo il naso.

Il peggior body shaming, come si dice adesso, me lo sono fatto da sola. Che poi "*shame*" è una parola doppia perché significa vergogna, ma significa anche peccato. Ed è un peccato tremendo vergognarsi, ma soprattutto una madornale perdita di tempo ed energia. La seduzione ha molto a che fare con i difetti, con il desiderio di colmare una crepa, una ferita. La seduzione è compensazione. Ma questo lo so ora.

Le bodysceme non riconoscono il proprio corpo come loro, non lo riconoscono e non gli sono riconoscenti. La percezione è tutto, è tutto quando pensi di essere la più splendida creatura sulla faccia della terra, è tutto quando litighi con il tuo naso, il tuo sedere, le tue tette, la tua vita, i tuoi fianchi. L'anatomia non aiuta: gli occhi sono posizionati in cima al corpo, sarà per questo che guardiamo noi stessi dall'alto in basso, con sufficienza, a volte con un certo disprezzo.

Le bodysceme[2] faticano. Faticano in palestra, faticano sulla bilancia, faticano paragonandosi all'amica, faticano dal par-

[1] Prima è tutto un "È più bella di me? Ha più tette? È più magra?", col tempo ci si confronta solo l'età. "Sembra più giovane di me?" è la domanda che sostituisce tutti gli altri parametri.

[2] Parlo al femminile per esperienza, ma sono certa che esista un piccolo esercito di bodyscemi, solo più silenti.

rucchiere, faticano dall'estetista, faticano nei camerini dei negozi, faticano davanti allo specchio, faticano nel fotografarsi e nel farsi fotografare. La vita di una bodyscema prevede un rapporto con il cibo grottesco, nella confezione sceglie solo i biscotti rotti perché così è certa di mangiarne meno e alla fine si è polverizzata un pacco intero di Nascondini ma ha la coscienza a posto. La bodyscema madre convince i figli a prendere i gusti di gelato che piacciono a lei e poi li lecca per pareggiare le due palle del cono altrimenti si scioglie, li lecca almeno quattro volte "perché guarda che pasticcione che sei bimbo mio", credendo che quei grassi lì non facciano media, sono grassi condonati. La bodyscema quando sta nuda tiene le mani lungo il corpo illudendosi di nascondere la cellulite e cammina come un pinguino ubriaco (con la cellulite). E poi la bodyscema crede nella parabola prima/dopo, ne è attratta, si fida. Il meccanismo prima/dopo è alla base di qualsiasi film anni ottanta e si può sintetizzare nella sequenza in cui la protagonista bruttarella toglie gli occhiali, slega i capelli, indossa un bel vestito e diventa irresistibile. C'è un prima/dopo in *Pretty Woman*, c'è un prima/dopo in *Bella in rosa*. Il principio è quello di Cenerentola da sguattera a principessa ed è declinato anche nella versione ginnica, nella preparazione atletica, da *Rocky* fino ad arrivare a *Kill Bill* e all'allenamento di Pai Mei e Beatrix Kiddo. Il prima/dopo ti incolla alla tv nei programmi di dimagrimento estremo,[3] in quelli di chirurgia, ma anche nelle produzioni che rifanno le case, da catapecchie a regge. Il prima/dopo è l'oppio delle bodysceme che si sentono delle catapecchie insomma, ci sperano nel cambiamento fino

[3] È un ottimo investimento per le produzioni televisive il mercato dei superobesi, perché dopo il dimagrimento, quando i poveretti si sono trasformati in borracce sgonfie, possono fare un'altra serie in cui eliminano la pelle in eccesso.

a quando passa il tempo e capiscono che l'effetto per loro è a perdere, perché prima erano imperfette ma giovani, dopo saranno imperfette ma attempate. Colleziono anch'io i miei piccoli tentativi prima/dopo. Ogni volta che mi sono iscritta in palestra e mi sono fatta fare la famosa "scheda", un foglio dove ci sono scritti gli esercizi dell'allenamento personalizzato, quello che ti dovrebbe trasformare in un Gormita tosto e muscoloso. Ogni volta che compravo (compro) un prodotto per capelli ricci (non posso resistere a un prodotto che mi promette boccoli perfetti), ogni volta che mi depilo e in effetti per dieci minuti, uscita dal centro, mi sento una pornodiva. Ogni volta che vado dal parrucchiere.

Cosa sia il parrucchiere per una ragazza lo spiega bene un'epica scena di *Fleabag*. *Fleabag* è una serie britannica scritta e recitata da Phoebe Weller-Bridge, fa ridere fa commuovere fa prendere le distanze fa tenerezza, ma soprattutto propone un'idea di femminilità isterica e sgangherata ma finalmente non lamentosa. La protagonista sgangherata e isterica e perdente[4] ha una sorella di nome Claire, essa stessa sgangherata e isterica ma di successo. In una puntata della seconda stagione Claire si presenta con un taglio osceno, così la Weller-Bridge si precipita nel salone di Anthony, il parrucchiere, per vendicare quei capelli che fanno somigliare la sorella[5] a "una matita". Anthony cerca di minimizzare, i capelli non sono tutto nella vita, ma Fle-

[4] Quando è uscita almeno dieci persone mi hanno scritto: ho visto una serie bomba! La protagonista mi ricorda te. Poi ho visto la serie e la cattiva notizia è che no, non sono minimamente lei. La buona notizia è che non sono minimamente lei. C'è da dire che nella vita mi hanno affibbiato somiglianze peggiori, una volta mi dissero che sembravo la sorella di Sergio Vastano.

[5] La sosia di Chiara Gamberale.

abag è categorica: "*Hair is everything.*"[6] Le sorelle incalzano il poveretto perché mostri la foto che Claire gli ha portato come esempio da riprodurre, foto che secondo loro dimostrerebbe il pessimo lavoro svolto. Lui recupera la pagina della rivista: il modello è identico al caschetto asimmetrico realizzato sulla cliente. Anthony chiude la scena: "Se vuoi cambiare la tua vita, cambia la tua vita. Non accadrà qui dentro." Fa ridere, come l'ho raccontata no, ma a vederla fa ridere, lo posso assicurare, e fa ridere perché è tutto tristemente vero.

Non si contano le mie coetanee che, negli anni, si sono presentate dal loro Anthony con una foto di Natalie Imbruglia nel video di *Torn* o la Aniston in *Friends*. Uscivano sempre come un Playmobil Medioevo. Io non ci ho mai provato, il crespo indomito non mi ha concesso la speranza di un taglio definito, però le mie discussioni tricologiche le ho avute eccome.

I primi capelli grigi si sono presentati a venticinque anni, sono affetta da imbiancata precoce, la scelta era tra entrare nel cast di *Shaun, vita da pecora* o tingermi. Ho scelto la seconda opzione. Ho compiuto i miei primi quindici anni di liti con i parrucchieri, più sono giovani e più ci polemizzo. Tutto inizia con una semplice richiesta: "Mi faresti la tinta?" Ma il mio Anthony non ha nessuna intenzione di farmi la tinta, il giovane parrucchiere è determinato a farmi il *color storytelling*.

"Noi non tingiamo i capelli, noi ti aiutiamo a tirare fuori il tuo colore interiore. A tal proposito c'è la linea vegan che è una vera yoga experience. Possiamo fare dei colpi di saluto al sole

[6] Cito in inglese perché così sembra che io appartenga alla schiera di quelli "le serie io solo in lingua originale" e invece io le serie solo in italiano perché parlo inglese come i Teletubbies.

per rilassare il cuoio capelluto, ma siccome il cuoio è di origine animale suggerirei un processo di scalpo a freddo per sostituirlo con una corteccia di sequoia."

"No, purtroppo conosco i miei tremendi capelli bianchi, i colori naturali su di me fanno l'effetto inchiostro simpatico."

"Ma guarda, cara, fatti consigliare, io proverei un riflessante."

"No, fidati, non sei tu, sono loro. Il riflessante con questo grado di grigio mi fa specchio riflesso, se non ti tingi sei un fesso, nessuno è grigio come me, chi lo dice lo è."

"Secondo me ti sbagli."

"Vorrei sbagliarmi, mio giovane amico storyteller delle teste canute, ma hai ancora la lanugine neonatale e la fontanella aperta. Sono anni di ricrescita che ti stanno parlando. Devastami. Prendi l'ossigeno, il petrolio, l'ammoniaca, l'idraulico liquido, il napalm. I miei bulbi non temono nulla, sono stati sottoposti a diciotto shampoo antipediculosi in tre mesi, secondo te hanno paura? I miei capelli sono dei sopravvissuti, hanno passato la Chernobyl della tricologia e sono ancora lì in piedi, non mollano."

"Mi dispiace che tu non voglia entrare in contatto con il tuo colore interiore."

Ancora una volta l'ermeneutica dello shatush mi ha stroncato. Decido così di farmi la tinta da sola e mi dirigo al supermercato. Qui le descrizioni delle nuance si suddividono in due categorie: i francesismi e il vegan food porn. La prima comprende le sfumature che vanno dal marrone Cucciolone al rosso cardinale che ha squartato un maiale, ma il tutto scritto in francese che fa più chic. La seconda riguarda le confezioni scritte da un titolista di *Le Ore* che si è dato all'agricoltura bio. Mirtillo peccaminoso, ciliegia conturbante, ribes ammiccante, albicocca lussuriosa, l'ossimorica camomilla eccitante. Se sei un uomo, stai facendo la spesa e capiti nel reparto cosmesi, alla prossima macedonia non potrai trattenere un'erezione. La promessa sulla scatola urla al miracolo, la tinta esce diretta dai Laboratoires de Lourdes. È repulpant, éclairant, volumizzant, nourissant, vous deviendrez figues à l'instant. Solo che una volta a casa apri la confezione e il messaggio delle istruzioni in caratteri gotici è: *Chi tocca muore.* Non muore normalmente, tra le braccia dei propri cari, no, muore dopo atroci sofferenze, per reazioni allergiche multiple. Segue l'invito a testare un po' di prodotto su un quadratino di cute, se dopo una quarantena trascorsa in camera iperbarica sei ancora viva, puoi passare al resto della testa e pregare. L'operazione richiede un paio di mesi. Sto per dare una possibilità a Shaun. Ma mi faccio coraggio, vado di spallucce, *perdóname madre por mi vida a tinte forti*, infilo i guanti tattici monouso e mi ridisegno l'attaccatura dei capelli di Topolino, tingendomi di nero anche le orecchie naturalmente, mi impollock tutta, marmorizzo lavandini e maioliche. Nei venti minuti di posa rispondo ripetutamente al telefono. Sciacquo. La doccia è in condizioni agghiaccianti che manco l'avesse usata un minatore del Sulcis dopo dieci ore di lavoro. Non parliamo del telefono dalmata, ma almeno non sono morta, sono la solita bodyscema dai capelli corvini che tra un mese ricomincerà il procedimento da capo.

Poi c'è la moda, seguire la moda è un'altra fonte di stress. Mi sono fatta piacere pantaloni tre quarti alla zuava, pesanti zoccoli da vaccara bulgara, pellicciotti di *Revenant.* Ho sbagliato, la strategia corretta è sedersi, non fare nulla, non comprare nulla, aspettare che tutto passi, aspettare che tutto torni. Per esempio, una scelta davvero lungimirante che ho compiuto è resistere per tutti i primi Duemila alla moda delle sopracciglia sottili. Le estetiste se lo litigavano il mio vello d'oro sopraccigliare: Lo ghermirò io! No no, lo strapperò io! e invece niente, è ancora lì, folto e sincero. Le amiche mi guardavano con disapprovazione. "Ho un insetto sulla faccia?" chiedevo. "Veramente sì, due processionarie," rispondevano. Erano tempi in cui la moda imponeva le ali di gabbiano, erano tutte gabbianelle, solo io avevo i gatti. Ma sapevo che sarebbe arrivato il loro momento.

Come dicevo, basta aspettare e prima o poi il tempo dà ragione a tutti. Anche ai bomber. Io pensavo non avremmo più dato credito agli anni ottanta, esteticamente parlando, e invece eccoli qui, i paninari senza glutine, tornati con pantaloni a vita alta, giacche a vento color evidenziatore, felpe sformate. Entri da Bershka (ah, come vorrei che la nonna Luisa fosse qui per pronunciare Bershka, lei che la Standa la chiamava lo Stend, per fare la fine) e capisci che i più giovani ora si vestono come il pubblico del *Drive In*, ti aspetti che salti fuori il Tenerone come commesso e partano le risate registrate. Di fronte alla moda fingiti opossum, risparmi energie e la pelliccia di opossum sarà presto di tendenza.

Chi avesse dei dubbi può guardare su YouTube uno dei video di Calcutta o dei Giornalisti (anche di Tommaso Paradiso in solitaria), di Gazelle o di Coez, insomma un video indie, e concentrarsi sullo stile delle sue protagoniste, le Fighe Indie. A noi ragazze degli anni novanta piaceva Amélie e il suo favoloso mondo, volevamo il suo caschetto sbarazzino, la sua faccina birichina, le sue scarpe ortopediche da Clara di *Heidi*. Ai ragazzi oggi piacciono queste pazzerelle sexy che fanno cose pazzerelle sexy cantando: *Ma tu, ma non mi ricordi nessuna guagliona*. La FI si riconosce perché ha lo smalto sbeccato, si mangia le unghie in segno di tormento interiore, però è topa al naturale, come se si fosse appena alzata e infatti ce la fanno vedere mentre si sveglia: dà cuscinate, trascina per la mano il tizio che la filma, ridà una cuscinata alla camera, fa linguacce, mangia, fuma, mangia, fuma, va al supermercato a comprare da mangiare, mangia, fuma e beve in mutande come Barney dei *Simpson* (che alito ha una che mangia e beve così di prima mattina?), ma soprattutto la FI deve fare la pipì. È molto importante che la FI a un certo punto del video stia seduta sulla tazza con gli slip a mezzo polpaccio. La minzione FI è un topos dei video indie. La FI è basica: mangia, beve, sta in bagno, fuma. E a un certo punto fa il broncio, si offende perché quel birbante dietro la telecamera le ha fatto un dispetto, probabilmente le ha nascosto il crack o le Pringles.

Se noi quarantenni mangiassimo e bevessimo a quei livelli saremmo duecento chili di brufoli; se indossassimo collarino e pellicciotto sembreremmo un carlino col caschetto; se ci mettessimo il cappuccio come la FI di Calcutta sembreremmo E.T. nella scena del volo delle bici o Marty Feldman in *Frankenstein Junior*. Sono in debito con tutti i nostri errori di look degli ultimi vent'anni. Tutto quello che abbiamo buttato via dal nostro guardaroba lo hanno preso queste quattro sgallettate: felpe Adidas, girocolli, mutande bianche CK, anfibi, jeans a vita alta, giubbini di jeans con collo di pelo bianco o più facilmente di opossum. Amélie si limitava a tuffare la mano nel sacco dei legumi e nemmeno li mangiava. Altri tempi. Altre mode.

Tornando alla bellezza, quella oggettiva, è bene rispolverare un famoso monologo di Lella Costa. Lei, in qualità di "tipo", ovvero donna attraente ma diversamente figa, si dichiara esausta, vuole essere finalmente solo e indiscutibilmente stupenda, da “fermare i treni in corsa”, la perfezione fatta femmina. Il finale del discorso potrebbe essere il manifesto di una bodyscema:

> Avvengono i miracoli? Allora per una volta nella vita, una volta sola, vorrei essere bella, mica per sempre, e nemmeno per tanto, mi basta poco, giusto il tempo di riposare più che altro, no?
> Per tentare di recuperare almeno in minima parte tutte le energie che in tutta la mia vita ho dovuto sprecare per cercare di essere carina divertente seducente sexy spiritosa simpatica diversa imprevedibile adorabile forte coraggiosa disponibile unica allegra intelligente complice materna comprensiva preparata informata consapevole brava competente responsabile sportiva sensata sensibile autonoma fedele insostituibile libera onesta affidabile economa sicura catalitica e sessualmente e politicamente corretta.
> Basta non ce la faccio più.
> Per una volta nella vita vorrei essere solo bella.

La bellezza stanca chi non ce l’ha (ma anche chi ce l’ha e non la riconosce e anche chi ce l’ha e ha paura di perderla). Così, siccome non avvengono i miracoli sperati da Lella Costa, per confortarci, abbiamo inventato una serie di riposanti menzogne. Una di queste è che ogni persona è bella a modo suo. Ma no, non è vero. Al massimo ogni persona dovrà trovare il proprio rocambolesco modo per sentirsi bella. O almeno, se non proprio bella, giusta.[7]

[7] Ne ho già parlato nel capitolo “Fatica numero 7. I social”, questi sono tempi in cui il concetto di giustizia è stato sostituito da quello di giustezza. Il buon senso è stato sostituito dal senso comune, quindi in questo caso la bellezza dalle mode estetiche.

Il modo che è di gran moda (mi si perdoni il bisticcio) risponde all'hashtag #bodypositive, movimento che nasce online intorno al 2011 e promuove un messaggio di cura e accettazione per chi non ha un corpo che rientra nei canoni di bellezza imposti dai media, dalle riviste e dalla pubblicità. Un messaggio sacrosanto, così sacrosanto che se ne sono impossessati i media, le riviste e la pubblicità, dimostrando che le bodypositive comprano quanto se non di più delle bodysceme. Bellezza è stato sostituito da unicità. Funziona? Dal punto di vista del marketing alla grande. Dal punto di vista umano non so, non vorrei essere fraintesa, ma su Instagram se non posti una foto del tuo sedere trapuntato per dimostrare che sei orgogliosa della tua cellulite, sei guardata con sospetto. "Se sei una donna vera, esci almeno due smagliature!" Non mi è chiaro il nesso logico, davvero non sappiamo come sono fatte le donne? Basta andare in spiaggia, in piscina, davanti a uno specchio. Quelle sui giornali o nelle pubblicità sono pagate per non avere gli organi interni, è il loro lavoro essere una versione idealizzata di noi stesse. È fiction, sono la foto dei Saccottini sulle confezioni Mulino Bianco.[8] L'hashtag #bodypositive è diventato una giustificazione per spogliarsi e mostrarsi anche se non si è magre e conformi, una causa "alta" per un gesto ancora discusso, quando la libertà dovrebbe essere mostrarsi e basta, se è quello che abbiamo voglia di fare. E invece se un individuo espone le proprie idee è un libero pensatore, se espone il proprio bel corpo è un esibizionista, se espone il proprio corpo difettoso è un rivoluzionario. Il corpo è un totem, ma soprattutto, bello o brutto che sia, è ancora il più grande dei tabù.

[8] #foodpositive.

Va detto che non c'è stata mai stagione in cui abbiamo fatto i conti così spesso con la nostra immagine. Avere la camera frontale nel telefono è come avere il ritratto di Dorian Gray che invecchia in soffitta, è il memento mostro, perché sai che anche con ottocento selfie-tutti-filtri-e-luci-strategiche in cui sei venuta carina, ci sarà lei ad azionarsi all'improvviso per metterti di fronte alla brutale verità. Con il moltiplicarsi dei meeting online durante il primo lockdown sono moltiplicati anche gli interventi di chirurgia plastica (30 per cento in più di richieste in Italia), soprattutto lifting. Non ho pensato a intervenire sui miei cugini scemi (mi piace questa metafora dei difetti), ma ammetto di conoscere il problema. Mentre io mi percepisco con un'espressione da attrice francese, quasi sexy alla Bardot, lo schermo mi ripropone la faccia come un orologio sciolto di Dalí. So che lo stesso sta accadendo anche alla persona che è in call con me, lo capisco da come si aggiusta i capelli, si stira le borse sotto gli occhi. Narcisi 2.0 o narcisi punto e basta anneghiamo nella corrente delle nostre imperfezioni, annaspando alla ricerca di una prospettiva che ci tolga almeno uno dei nostri tripli menti.

Vorrei prendermi una vacanza dal mio volto, vorrei un corpo più intelligente. Nonna docet (ancora), non diceva mai "che bella donna" ma "che bel personale". "Un bel personalino" se la ragazza che si prendeva il complimento era minuta e senza seno. È un'espressione da recuperare, il personale dà l'idea di un'interpretazione di sé e riguarda anche il portamento, l'attitudine. Carne e personalità, personalità incarnata. Una lettura che va a braccetto con quella dei miei bambini. Se ho un bel vestito, per Marta e Lorenzo sono io con un bel vestito, se mi taglio i capelli sono io con i capelli più corti, se ingrasso, indovinate? Sono io con qualche chilo in più. Non c'è bellezza e non c'è bruttezza per i figli, c'è solo una specie di essenza ineluttabile.[9]

Chiudo con un episodio recente. È un giorno buono, ho lavato i capelli, li sto asciugando al vento mentre cammino da sola lungo il fiume. Sola vuol dire che non spingo una carrozzina e non stringo mani, la mia postura è spavalda, ho ritrovato la completa posizione eretta e soprattutto indosso la mia tuta nera tutta intera, anzi la mia tutaneratuttaintera tutt'attaccato. Amo la mia tutaneratuttaintera, la metto senza reggiseno perché fa tanto Kate Moss, ci posso fare quella cosa di mettere le mani in tasca e camminare con le mani in tasca e specchiarmi nelle vetrine con l'aria "scansati-Sartorialist", "Ferragni-puppa" e "Sucamelaradio Enrique Iglesias" (perché tutti sanno che dice così la canzone di Enrique Iglesias e non *súbeme la radio*). Penso: "To', anche tu per caso qui, non ti saluto donna del riflesso con le mani in tasca dall'aria Ferragni-puppa solo perché dovrei togliere le mani dalle tasche." Ho recentemente scoperto che dietro alla vetrina parzialmente specchiante vicino al mio posto di lavoro in realtà non c'è Anna Wintour che annuisce deliziata, ma un ufficio di programmatori informatici, uomini che nel tempo mi hanno visto sorridere, pulirmi il rossetto dai denti e sistemarmi gli slip impertugiati nelle retrovie con quel classico gesto plastico del pinza e tira a fionda. Cammino spavalda e una bambina, quattro anni al massimo, caschetto nero, dito sprofondato nella narice destra, mi guarda, toglie il dito dal naso e me lo punta contro: "Mamma, quella signora è bellissima!"

[9] Il corpo è abitato da voci. Il richiamo della fame, delle voglie, della sete, del desiderio, degli appetiti. Un corpo armonico è quello dove tutte queste voci si muovono in coro, senza sovrapporsi e urlare.

Io seguo la traiettoria della caccola, mi giro cercando una bellissima signora, niente, intorno siamo solo la bambina dai gusti raffinati, la sua mamma e io. Mi apro in un sorriso, la madre mi squadra e piano ma non troppo piano, forse pensando di indossare ancora la mascherina, le risponde: "Mmh... insomma." INSOMMA. In-som-ma. Allora mi fermo, mi avvicino alla bambina e mi schiarisco la voce e non mi trattengo, parlo in nome di tutte le bodysceme:

Anche tu sei bellissima, le dico, anche se ora pare che alle bimbe non si debba più dare delle belle perché è un complimento vacuo, sono certa che, con l'indice, stessi aggiustandoti il tuo QI e non il muco rappreso, quindi ti dico che sei intelligente (così tra vent'anni potrai andare dall'analista a capire quali turbe ti ha creato il fatto che nessuno ti dicesse sei bella). Non ti chiamerò principessa. "Buongiorno principessa," diceva Benigni nella *Vita è bella*, ora direbbe: "Buongiorno creatura destinata a essere ciò che vuole perché unica nel suo genere che però preferisco evitare di specificare." Quindi ti chiamerò personcina. Ciao personcina, mi hai proprio fatto felice sai, molto meglio di un complimento dei playboy, io dal vivo non ho mai visto un playboy, non so come sia fatto, immagino porti un foulard al collo invece della cravatta e che dica cose tipo "tuo padre è un ladro perché ha rubato due stelle al cielo e le ha messe nei tuoi occhi", è un complimento che mia sorella si è beccata più volte, a me invece un tizio per corteggiarmi disse che assomigliavo a Daniele Luttazzi, non era un playboy. Ora veniamo a quell'INSOMMA. Non ce l'ho con la mamma, lo so che scherzava, ma vorrei spiegarti di cosa è fatto quell'insomma.

Prendi una personcina e SOMMA trent'anni di depilazione. Durante le cerette accadono cose incredibili, le estetiste, ti avviso, hanno un gergo loro, ti chiedono se ti possono "pulire" dietro, ma vogliono dire che hanno una cura medievale per il tuo sedere da babbuino: ti incerano anche tra le chiappe! Capisci, personcina? Ma tu quando sarà il momento stai pronta e non chiudere! Altrimenti ti troverai le due mele sigillate a vita.

Alle cerette SOMMA mia mamma, mia mamma come la tua è una da insomma. Il mondo si divide in chi è bravo a ricevere i regali e chi no, mia madre è una no. Apre il pacchetto e resta così con la faccia di chi sta per starnutire ma si trattiene. La faccia di una che sta per starnutire ma si trattiene la sfodera anche quando le chiedi un parere estetico. "Come sto?" Per lei stavi sempre meglio prima. Ieri sono andata a trovarla, avevo un rossetto rosa, mi ha detto che le piaceva di più quello che avevo la settimana scorsa. Non mi potevi dire che ti piacevo l'altra settimana, mamma? No.

Restando in tema, SOMMA i trucchi. Ho iniziato a colorarmi le labbra da vecchia e non ho esperienza, le amiche mi chiedono che rossetto indossi e io rispondo rosso come per le auto, anche lì per me esistono solo le auto blu o grigie, al massimo arrivo a dire che sono metallizzate, grandi e piccole. Finite le categorie. Invece i rossetti hanno nome di battesimo, secondo nome senza virgola, cognome di mamma, cognome di papà, ragione sociale e codice fiscale. Le donne interessate a quel particolare rossetto che indosso provano a indovinare: "Secondo me è un Dior Pompineuse Mat con effetto escargot che t'è passé sur les lèvres." E io mi innervosisco e mi mangio le labbra e il rossetto.

Poi SOMMA (o forse sottrai) le donne che non sarò mai, purtroppo: una compratrice di tulipani la domenica mattina; una lettrice scalza di romanzi francesi in riva al fiume tra libellule ronzanti; una sbocconcellatrice di croissant con ginocchio destro al petto e piede nudo avvinghiato a bordo sedia; una che immerge la testa nella vasca da bagno per sciogliere i pensieri nella schiuma; una che corre con i capelli liscissimi raccolti in una coda a fare da metronomo, destra sinistra, destra sinistra a ogni passo.

Ancora SOMMA le sindromi premestruali. Mi hanno detto che sono un'invenzione del patriarcato le sindromi premestruali, per far sembrare le donne vittime dei loro ormoni. A me poco importa perché quando sono in sindrome premestruale odio tutti, maschilisti, femministi, matriarchi e patriarchi, quelli che mi danno torto e quelli che mi danno ragione. Quelli che mi danno torto sono cattivi, quelli che mi danno ragione sono stupidi, perché non si può dare ragione a una persona insopportabile come me in sindrome premestruale. Insopportabile e brutta, se mi specchio nel camerino per provarmi qualcosa non solo scopro chili di cellulite, scopro anche di avere i pori sulla cellulite, una cellulite potenziata.

SOMMA questa tutaneratuttaintera che mi fa sentire spavalda ma che purtroppo poco si addice a una normale diuresi soprattutto nei locali pubblici. Presto entrerò nel bagno di un bar con la turca, guaderò il pantano, mi rigirerò i pantaloni svasati fino alle cosce. Una volta creato un comodo pannolone da infante toccherà alla parte sopra, via le spalline e tette al vento, poi ci si accovaccia. A quel punto tutta la mia spavalderia si affloscerà e sembrerò un lottatore di sumo vestito a lutto che sta facendo i suoi bisogni. Altro che signora bellissima.

L'elenco, personcina mia, è infinito ma la questione vera è che tu per quanto intelligente ancora non sai contare, figuriamoci sommare e infatti queste cose non te le sto dicendo davvero, non le capiresti. Le sto dicendo a me, una volta a casa, giusto per appuntarmi da qualche parte che la bellezza è sempre una questione di prospettive, un giorno sei "Bellissima... insomma" e un altro, per fortuna, sei "Insomma: bellissima!"

FATICA NUMERO 9. LA COMUNICAZIONE

Dove si deduce che per litigare con me una notte intera sia sufficiente dire, con tono esasperato: "Sono troppo stanco per discutere."

Nei momenti di pessimismo, mi guardo intorno e vedo noi, divisi da un vetro, uno di fronte all'altra, nella stanza dei colloqui. È l'ora delle visite, eppure tutto tace, alcuni boccheggiano nell'acquario, urlano per farsi capire ma dall'altra parte non arriva un fiato, basterebbe alzare la cornetta a lato del vetro e parlare, nessuno è intenzionato a farlo. Una stanza dei colloqui dove non si sa chi sia libero e chi sia carcerato: il mondo può essere un posto molto inospitale se non ci si capisce. La mia fortuna è che immagini come questa mi colgono solo in rari mercoledì di novembre, anche nei giorni buoni però vedo quanta energia investiamo nel cercare di spiegarci, spesso inutilmente, nel chiarire la nostra posizione, nell'imporre la nostra verità, nello smontare la verità altrui, in quella complicata attività che è il comunicare.

Parlo e scrivo decentemente in italiano, non ho facilità con le lingue, una volta si diceva "non è portata". In realtà io non sono portata e i miei non si sono applicati per portarmici. Quando è stato il momento di iscrivermi alle medie scoprirono di conoscere già la professoressa di inglese, non doveva essere simpatica a mia madre che trovava fastidiosa l'idea di incontrarla durante i colloqui. Mi spedirono nella sezione di francese. Tipico dei miei non guardare al progetto globale, ma solo al contingente, il contingente era evitare la professoressa di inglese, il progetto globale doveva essere la mia educazione. Per la mia educazione ci sarebbe stato tempo, poi, alle superiori. Alle superiori mi iscrissero al liceo classico, dove la lingua straniera era una e si faceva solo per due ore settimanali, al ginnasio, non si poteva scegliere, la lingua straniera era quella studiata nei tre anni di medie, quindi francese. La mia professoressa era adorabile, urlava di continuo: "Tesio, *tais-toi!*", Tesio, taci! Perché chiacchieravo, sono pronta a giurare non in francese. A vent'anni non sapevo nemmeno dire *de chet is on de teibbol*, un grosso problema anche in vista della mia laurea: era diventato obbligatorio un esame di inglese a sbarramento, inserito nell'università italiana dopo che Berlusconi aveva inaugurato la teoria pedagogica delle tre "i": inglese, informatica e impresa. E io feci l'impresa e me ne andai in Irlanda, come ragazza alla pari, mi occupavo di tre bambini dai quattro ai dodici anni. In nove mesi imparai il poco che si poteva imparare in nove mesi. Meglio di niente, comunque. Quando ripartii piangevano tutti, bambini e genitori, forse perché ci eravamo capiti o forse proprio perché non ci eravamo capiti affatto e pensavamo dell'altro tutto il bene che ci veniva più comodo.

Non sono mai stata tanto stanca come nelle sere irlandesi, quando andavo a dormire dopo una costante immersione in una lingua sconosciuta. La fatica parla. Si sentono urlare i tennisti quando sferrano il colpo. Urlano le donne che partoriscono per darsi coraggio, lo sforzo è ciarliero, sbuffa, rantola, è un blues, un mugugno, un lamento costante. La fatica fa fracasso fino ad ammutolirsi quando (appunto) muta in stanchezza. Io alle dieci mi chiudevo in camera e non avevo nemmeno la forza di chiamare gli amici. Ero distrutta. Non capire niente, non riuscire a spiegare alle persone che mi ospitavano che ero una ragazza intelligente, con un discreto senso dell'umorismo, mi devastava, a maggior ragione perché di fronte a me c'era un interlocutore pronto ad accogliermi, non appena avessi smesso di sorridere, di muovermi come Marcel Marceau e avessi iniziato a esprimermi. Finché non dimostravo di essere intelligente io non ero intelligente, finché non facevo una battuta di spirito io non ero simpatica. Mi fu chiaro che ero le parole che dicevo[1] o che non dicevo. E su questo passaggio ho una precisazione da fare.

Se sostengo che *siamo la lingua che usiamo*, la parola acquista subito un'importanza spropositata, assume una veste solenne e già sento risuonare la ramanzina sull'appropriatezza dell'uso di questo o quell'altro termine, sulla necessità di bandire lemmi, di inserire asterischi. Per me questa frase è vera solo se la si legge all'inverso: siamo le parole che usiamo, quindi parziali, approssimativi e in evoluzione, non prendiamo troppo sul serio chi siamo, non prendiamo troppo sul serio le parole che usiamo o diventeremo dei noiosi tromboni, non normiamo forzatamente la lingua o diventeremo censori e non comunicatori. Eh, ma le parole sono sassi, possono ferire. Buona obiezione, certo, ma è l'intenzione a rendere un sasso un'arma offensiva. Il sasso di per sé lo si può far rotolare per strada calciandolo con la punta del piede. E tra l'altro, se ti fai acqua, il sasso non ti urta, affonda o saltella via. Non c'è formula che ti metterà al riparo dall'offesa linguistica se non la tua capacità di ridimensionare la parola e quindi la persona che la sceglie.

[1] Mi fu chiaro anche che i miei genitori avrebbero potuto farsi andare bene un colloquio ogni tanto con una prof stronza, in fin dei conti.

Se siamo quello che diciamo, allora le relazioni che ci legano agli altri sono Dialoghi. Con alcuni dialoghi infiniti, con altri discorsi di poche battute, un balbettio. Mia madre e io portiamo avanti un Discorso iniziato il giorno della mia nascita, fatto di sottintesi e di frasi che innescano discussioni, ripetizioni. È un enigma mia madre e infatti il suo linguaggio è vago, sfuggente. Nega, nega a prescindere, non si può parlare del passato con lei. "Sarà così," dice, sottintendendo che così non è. Il nostro Dialogo si intreccia e sovrappone alla Conversazione con mia sorella, l'altra sua figlia, forse non la preferita, ma quella che le sta più a cuore, ma anche a polmoni, a reni... perché Silvia è la figlia delle viscere. Il loro "dirsi" mi precede di dieci anni ed è stato un corpo a corpo, un urlare, ma anche un confidarsi, un singhiozzare.

Nel Discorso tra me e mia madre invece c'è altro, c'è una distanza di sicurezza, un parlarsi attraverso le porte, sulla soglia, ci sono canzoni, per svegliarmi, per mettermi a dormire, per innervosirmi. Se chiacchieriamo e si annoia, ancora oggi, mastica note tra sé e sé, tu le dici: "Mamma, ma stai canticchiando, mentre ti parlo?", lei nega. Ieri sera canticchiava *C'è gente che ha avuto mille cose*. Se al telefono è distratta è perché, click click, sta facendo il solitario al computer. "Mamma, ma stai giocando a carte mentre ti racconto la mia giornata?" Ma figurati. Nega. Se si affronta un punto dolente, va a spegnere il fuoco, a rispondere a un telefono che non suona, a controllare di aver preso la medicina. C'è sempre un asino che vola da indicare quando ha paura. Il timore grande è di litigare, non ne avrebbe più la forza, è stanca. Con mia madre non si capisce niente, non l'ho vista felice, non l'ho vista disperata, e lì sta il succo del nostro Discorso: come faccio a fidarmi, come potevo farmi crescere da te, come posso crederti, se tu non credi davvero alla vita? Ma quella domanda non ce la faremo e non ci risponderemo, ci sarà ogni volta un telefono che non suona a cui rispondere, una medicina da prendere, un fuoco da spegnere. Parlo del Dialogo con la mamma perché è il primo, antico, complesso, il dialogo dei dialoghi. Quello che toglie il fiato quando si interrompe, lo sa bene chi è orfano.

Ogni persona che non c'è più (perché non è più viva o perché se n'è andata) è una lingua morta, è sanscrito, latino, greco antico. Una lingua che, di tanto in tanto, la memoria ti riporta alle labbra come l'aoristo passivo studiato al liceo. Ogni amore, ogni amicizia che finisce seppellisce un idioma, un gergo unico e giocoso che nasce dalle esperienze fatte insieme, dai racconti, dagli errori, forse è per questo che sono così gelosa delle parole, dei modi di dire e di dirsi. Matteo oggi sta con una ragazza tedesca, pur non avendo sospesi, nessun rimpianto o gelosia, sono felice che tra loro non comunichino in italiano, rende il loro Discorso amoroso del tutto unico e distante dal nostro, un pensiero che mi fa dormire meglio. Sto divagando? Un po', ma il punto a cui voglio arrivare è che la fatica delle fatiche, ovvero la fatica di vivere, è riconducibile alla fatica di farsi capire e del sentirsi capiti, è un cortocircuito della comunicazione.

In *Qualcuno volò sul nido del cuculo*, forse il film più famoso che tratta il tema della malattia psichiatrica, il gigante Bancini ripete ossessivamente la frase: "Sono stanco, sono tanto stanco." È interessante che, con quel personaggio memorabile, Miloš Forman sottolinei il collegamento tra sofferenza mentale, stanchezza di vivere e impossibilità di dire altro che la propria stanchezza. Ho letto recentemente il bel libro di Paolo Milone, *L'arte di legare le persone*. Milone racconta la sua carriera come psichiatra in un reparto d'urgenza genovese, lo fa con uno stile umano e sorprendente, che ricorda Marziale, pagine di epigrafi, quasi canzoni, ritornelli in prosa, brevi motti. In un passaggio dice:

> Per i dementi e i confusi la parola è solo suono,
> è un'eco, di un'eco, di un'eco,
> un riflesso, di un riflesso, di un riflesso,
> un sogno, di un sogno, di un sogno.
> Per gli schizofrenici la parola significa tutto e niente,
> significa una cosa e il suo contrario.
> Per i depressi la parola è condanna.
> Per gli euforici solo gioco.
> Per i caratteriali, una minaccia.
> Per i nevrotici è una lama tagliente.
> La parola non è luce che scaccia i fantasmi della notte,
> non è legna da conservare per il freddo inverno,
> non è cibo da tenere in dispensa,
> non è ninnananna che rincuora.

La sofferenza psichica è indicibile (nel senso che anche quando dice, dice male), ma dire è l'unico modo per uscire dalla sofferenza psichica, per "guarire". In *Parla, mia paura* Simona Vinci ribalta il punto di vista di Milone e racconta la propria sofferenza, la depressione, gli attacchi d'ansia che le hanno reso la vita un'esperienza tanto faticosa da pensare alla morte come unico sollievo. A salvarla è l'incontro con la psicanalista. Descrive così gli appuntamenti settimanali con la sua dottoressa:

> Avevo fretta di stendermi [sul lettino], fretta di distogliere gli occhi dai suoi, di riprovare ogni singola volta quella sensazione di abbandono che non potevo concedermi in nessun

altro posto. Tutte le parole che mi avevano assillata fino a cinque minuti prima si assopivano. Mi pareva di avere la bocca intorpidita. Il corpo si rilassava, avevo voglia di restarmene in silenzio, a dormire. Però parlavo. Perché dovevo parlare, ero lì apposta. Non avevo niente da dire, eppure da quel niente emergevano delle cose.

La cura per la fatica della vita, per la fatica delle parole assillanti, è il riposo del giusto incontro, nel riposo nascono nuove parole e una nuova speranza.

Come capita nella vita, tragedia e commedia si intrecciano e alla fatica drammatica della comunicazione che fallisce si alterna una difficoltà comica nello spiegarsi e nel farsi capire. Le nostre case sono il teatro di questa commedia che ci vede pattinare su scivolosi slittamenti di senso. A scopo esemplificativo ho trovato una parola che pronunciata da un bambino, da un uomo o da una donna assume tre significati diversi, ne parlo durante le serate che faccio in giro per l'Italia e raramente qualcuno ha smentito la mia grottesca semplificazione. Il termine in questione è *niente.* Dopo averlo svelato, passo la palla al pubblico e chiedo cosa dica un bambino quando, tornato da scuola, gli si pone l'interrogativo: Che cosa hai fatto oggi? Il pubblico in coro risponde: Niente. La Ferrero e Decathlon ci hanno addirittura fatto due spot sulla risposta evasiva dei più piccoli, che direbbero niente anche se in classe avessero usato la lavagna come bob per scivolare sulle scale insaponate durante l'intervallo. È un niente positivo quello dei bambini, di chi ha voglia di scuotersi di dosso i genitori e le loro domande e andare a fare il tutto che li aspetta. Diverso per uomini e donne. Un uomo e una donna che giacciono insieme, soprattutto se giacciono da tempo, conoscono il silenzio post-giacenza. Un momento di pace che viene interrotto dalla domanda: Cosa stai pensando? È la donna a chiedere delucidazioni perché spera in una dichiarazione ben articolata, su quanto sia bello stare insieme e di come ogni volta l'amore sia la conferma dell'amore. Lui si scoccia, taglia corto e risponde che non sta pensando a niente. Bastava un "a te" (sottintendo *sto pensando*) era anche più breve di niente. Invece no. Lei si irrita a sua volta, perché se bastasse una giacenza per raggiungere il vuoto mentale non ci sarebbe bisogno di tutta quella meditazione, i monaci buddisti non sono mica scemi. Lei si irrita ma tace, solo che quel niente è il granello di sabbia che entra nell'ostrica e invece di produrre una bella perla dà vita a un calcolo renale. Per giorni lei va in giro con il suo calcolo renale in saccoccia e tace, tesa, presa dal monologo mentale contro l'uomo, le sue insensibilità, il suo modo assurdo di mangiare lo yogurt nella confezione grande, senza togliere la stagnola. Come può stare con uno che non lecca lo yogurt rappreso sulla stagnola che è la parte più buona? Intanto ascolta canzoni. Vede i film, si fa i film, brutti film, dove si sente una promessa di felicità mancata, sottostimata. Al quinto giorno di musi lunghi ignorati dall'uomo, la donna decide di lavare il frigo e pulire i fornelli. È il gesto estremo, la vera dichiarazione di guerra, non pulisce mai il frigo, tra l'altro mentre pulisce vede la confezione dello yogurt con la stagnola e le sale ancora di più la rabbia. Passa al piano cottura, ed è solo allora che l'uomo si spaventa, il piano cottura è troppo. Alle strette, le chiede, con un filo di voce: "Amore, che cos'hai?" E lei fa risuonare il suo barbarico YAWP,[2] il suo barbarico NIENTE.

[2] *In questi momenti, quando non sento l'affetto che cerco / la comprensione e la condivisione / io urlo il mio barbarico YAWP / che risuona sopra i tetti del mondo.* È di Walt Whitman, un uomo con uno spiccato lato femminile.

Quando scherzo così, ironizzo su me stessa e generalizzo per categorie, c'è qualcuno che mi fa notare che no, proprio no, no no no no, non ci siamo. Che i suoi figli, tornando a casa da scuola, raccontano per filo e per segno dal menù del pranzo al calzino intonato con il registro della maestra di musica. Che lui dopo l'amore recita poesie e sbrina il freezer, che lei è pragmatica, per nulla rancorosa e immune dall'incazzodomino.[3] Che a distinguere tra uomini e donne si fa del sessismo. E io di nuovo faccio risuonare il mio barbarico YAWP, che è più uno sbuffo di stanchezza, perché in questa fase storica come dici dici male, come dici ci sarà un illuminato a correggerti la grammatica, la sintassi, poi il tono, il contenuto e le intenzioni. Un processo di analisi del testo snervante che può condurre solo all'escamotage retorico del "ma io stavo parlando di me".[4] Se parlo di me non posso sbagliare, se quello che dico può essere messo in discussione quello che sento no, quello che sento è vero e se non ti riconosci vuol dire solo una cosa, che non sei me. Accusare qualcuno di trattare i massimi sistemi ora equivale a un insulto, bisogna parlare per minimi sistemi, al più per minimi comuni denominatori, dettagli quotidiani in cui rispecchiarsi. Anche le idee valgono doppio se avvalorate da un personale sofferto. Così pensiamo di essere in salvo dall'errore. Mi chiedo perché abbiamo tanta paura di sbagliare, perché l'errore si debba per forza tradurre in una gogna (mediatica o privata), in un pretesto, invece di restare quello che è, un errore, spesso di valutazione, una leggerezza. Forse perché l'errore lo coviamo dentro, perché ci sentiamo inadeguati, desiderosi di riconoscimento.

[3] Neologismo che inventò per me un vecchio fidanzato e sta a indicare l'effetto domino delle mie incazzature, prima taciute e poi riversate su di lui tutte insieme.

[4] E ritorniamo al capitolo "Fatica numero 7. I social" e alle considerazioni della Soncini sui personalismi.

Così per non ammettere *ho sbagliato* abbiamo trovato il modo di non sbagliare mai, raccontare di noi e dei nostri traumi, passando da *questo è l'ombelico del mondo* a *questo mondo è il mio ombelico*. Non è sufficiente e non ci mette al riparo dall'incomprensione, ma è una tendenza che sta condizionando la nostra narrazione, le nostre relazioni e quindi i nostri Discorsi.

Ho iniziato un nuovo Discorso con la mia ultima figlia, sento la responsabilità delle parole che le dico perché sono tutte nuove. Lei sta imparando a parlare e io sto imparando a stare zitta. Prima aggiungi e poi togli. È la regola del crescere, credo. Ci ho messo quarant'anni a capire che nelle sfuriate c'è un momento preciso in cui comincio a credere a quello che dico, invece di dire quello che credo. Lì so che mi devo fermare, è difficile perché ormai ho preso lo slancio, ma devo usare il freno a mano, compiere un passo indietro e poi fare tutto il cammino di Santiago in moonwalk, se serve. Mi piacerebbe che Andrea Ines imparasse presto la regola del moonwalk, le farebbe risparmiare molta fatica. Le sto spiegando,[5] anche se non capisce ancora, che quando qualcuno esordisce con "Posso dirti la verità?" è meglio scappare. Conviene stare alla larga dai sinceri, nove su dieci sono gente che non ha imparato davvero a parlare. "La sola risposta appropriata alla domanda 'Posso essere franco?' è 'Sì, se io posso essere Barbara'" scrive Fran Lebowitz nel suo libro *La vita è qualcosa da fare quando non si riesce a dormire*. Grande donna la Lebowitz. Grande senso della parola e della battuta, pur non essendo una battutista. Le sto spiegando che alcune parole sono come i tormentoni estivi, abusate per stagioni intere e poi basta, quando saltano fuori in inverno, a riascoltarle, fan-

[5] Spiego a lei perché gli altri due sono chiusi in bagno a guardare video assurdi per ore, entrambi hanno tatuato su una chiappa Pozzi e sull'altra Ginori per il tempo di seduta sulla tazza.

no sorridere. "Valido" per esempio, c'è stato un periodo in cui tutti sembravano arbitri: "questo piatto di orecchiette è valido", "quel maestro di zumba è valido". Adesso valido in una frase sta come *Despacito* in una playlist. Capiterà lo stesso per "necessario". I libri non sono più belli, sono necessari. Gli interventi o gli articoli non sono più interessanti o arguti sono necessari. Da pronunciare con tono solenne e compìto. Presto "necessario" tornerà al suo paese di cure dentarie, per me di necessaria c'è giusto la detartrasi una volta ogni sei mesi.[6] "Coerenza" è un termine maltrattato invece, povera coerenza, per anni "sei incoerente" è stato l'insulto degli insulti, poi è arrivato un tizio che ha spiegato che no! Solo gli stupidi non cambiano idea, gli intelligenti non sono coerenti. Secondo me la coerenza non dovrebbe essere intesa in senso temporale tra ciò che penso oggi e ciò che penserò domani, ma come consequenzialità tra ciò che penso oggi e ciò che faccio oggi. Ma me ne sto ben zitta e non lo dico più nemmeno io, per coerenza, perché alcuni concetti così masticati è meglio lasciarli lì dove stanno un paio di decenni almeno. Voglio che Andrea Ines sappia che la parola crea, è per questo che si pensa che togliendo un vocabolo, mettendo al suo posto un termine più appropriato, tutto vada meglio. Purtroppo non è esattamente così, ma come biasimare chi prova a cambiare il mondo una sillaba per volta? A tutti i miei figli cerco di far capire che se l'altro si ritiene ferito da qualcosa che hanno detto non riusciranno a convincerlo delle loro buone intenzioni (se sono buone), la verità è che ci affezioniamo volentieri alle nostre incomprensioni. Quindi bisogna fermarsi, fare il passo indietro e tutto il cammino di Santiago in moonwalk.

[6] Anche "abbacinante" abbonda sulla bocca di chi parla bene, il mio sorriso per esempio è abbacinante da quando faccio la necessaria detartrasi ogni sei mesi.

La parola più faticosa di tutto il vocabolario, quella che usiamo all'eccesso (e quindi senza crederci davvero) o mai (quindi come Fonzie perché siamo certi di essere solo la parte lesa) è "scusa". Quasi tutti i bambini sanno dire scusa, hanno troppa voglia di giocare per perdersi dietro alle incomprensioni. Quasi tutti gli adulti hanno troppa voglia di litigare per perdersi dietro alle scuse chieste e accettate. Non so bene a che punto della maturazione personale avvenga questa inversione di tendenza, ma capita. Spero che Andrea Ines commetta i suoi errori ma che l'errore non se lo porti dentro, che impari a chiedere e accettare le scuse, che non le accampi, e soprattutto che non si stanchi delle parole, dicono tutto di noi: meglio una in meno che una in più, soprattutto se non è d'amore.

FATICA NUMERO 10. IL SESSO

Dove indago il mio rapporto con il grande coniglio, ma tralascio che gli opossum hanno la doppia vagina e il doppio pene e che il maiale quando si accoppia si avvita nella femmina tipo cavatappi (che io il cavatappi a casa non lo trovo mai e tra l'altro a questo punto mi sorge il dubbio che la coda a turacciolo dei simpatici porcellini rosa non sia la codina).

Il viso della ragazzina lo ricordo bene, la fissai per accertarmi che fosse femmina. I capelli le scendevano lisci sulla faccia, divisi un quarto a sinistra, tre quarti a destra, un sipario scompigliato per denti sporgenti e occhi piccoli, distanti. Indossava dei pantaloncini ricavati da jeans che si erano fatti corti con l'aumentare dell'altezza e le arrivavano alla coscia, ne strappava nervosamente l'orlo sfrangiato. Era magra, ma i vestiti erano comunque troppo stretti, stava crescendo tutto in lei, tranne l'attenzione dei suoi. Anche noi eravamo mal vestiti, ma era più un travestimento da montagna, una divisa da vacanza che veniva dismessa i primi di settembre. Noi a settembre ci lavavamo, lei forse solo per le feste comandate.

Guardava me e i miei cugini sgarbata, si era avvicinata puntando le altalene, anche se era più attratta dall'idea di sfidare dei coetanei. Al paese dove trascorrevamo le estati i bambini si contavano sulle dita e lei li conosceva come i suoi palmi. Si sedette a gambe larghe sull'altalena, senza degnarci di una parola, dondolando appena con i piedi, piegata su sé stessa, i capelli ciondoloni. Prese un bastoncino, con le scarpe grosse e maschili appiattì la terra polverosa e poi disegnò il muso di quello che ero certa fosse un coniglio. Un coniglio-bitesticoluto, con due grosse gote e una testa prepuziata e sorridente. Aveva anche dei baffi conficcati sulle guance.

"Cos'è?" ci chiese lei, spostò i capelli con uno scatto deciso della testa e si grattò una crosta sul ginocchio. "Facile," dissi spavalda. "È un grande coniglio." Ridacchiavo anche, perché mi sembrava così evidente, possibile che in montagna i conigli destassero una forma di curiosità particolare? Lei sputò delusa un "lo sapevo che eravate bambini". Cancellò il disegno col piede e si allontanò. Che fosse un pene lo capii solo qualche anno dopo.

La ragazzina della montagna fu il primo incontro (e di certo non l'ultimo) a farmi sentire fuori luogo, imbarazzata e in ritardo rispetto ai temi che riguardano il grande coniglio e i suoi corollari. Fu un'epifania, l'inizio di una formazione che mi ha portato a scoprire l'altro sesso, il mio sesso e poi il sesso che l'altro sesso e io potevamo fare insieme. Un percorso che è stato[1] tortuoso, misterioso, giocoso, ma soprattutto faticoso. Non stupisca che "ansia da prestazione" sia ormai gergo da sessuologi, là dove la prestazione genera ansia, ma fortunatamente genera pure (se dice bene) serenità. Sì, perché è un fatto che, avvalendosi della facoltà incredibile che hanno i corpi di entrare negli altri corpi, si possa sperimentare una forma di stanchezza benigna e piena, serena per l'appunto. La stanchezza erotica dovrebbe avere una parola tutta sua, uno di quei lemmi intraducibili in cui sono forti gli scandinavi. Tipo *hoppípolla* che gli islandesi usano per descrivere la sensazione di eccitamento infantile dello sguazzo e dei saltelli nelle pozze d'acqua. Oppure *smultronställe* che per gli svedesi indica un posto meraviglioso appena scoperto che si vuole tenere nasco-

[1] Ed è ancora, grazie al cielo.

sto e custodire lontano da chi non saprebbe apprezzarlo. Una parola che evochi i pomeriggi estivi con le tapparelle abbassate sdraiati su un letto, sovrapposti e indolenziti, con il *caldo che avanza e io non dormirò e scusa se non parlo abbastanza ma ho una scuola di danza nello stomaco*.[2] Una parola che non dovrebbe avere al suo interno "after-sex", perché quando leggo "after-sex" mi torna in mente la foto di Salvini postata dalla Isoardi.

Una delle etimologie di "sesso" riconosce la sua origine linguistica nella radice *sec-* cioè tagliare, separare, come a dire che il sesso, nella sua forma più alta, è la riconduzione a uno di due parti divise,[3] due parti che insieme possono riposare in un corpo solo. Quel riposo che abbassa le difese, di cui parla Peter Handke nel suo *Saggio sulla stanchezza* e per cui azzarda il neologismo "sono stanco a te" in opposizione al "sono stanco di" o "sono stanco con". *A te* qui è complemento di termine, l'altro è qualcuno a cui ci si arrende.

Prima di essere "stanca *a* qualcuno", il sesso mi ha lungamente affaticato per i grattacapi che mi dava, i quesiti senza risposta, gli infiniti dubbi e le domande non poste per non sembrare stupida o sprovveduta. Faccio un passo indietro.

Dopo il grande coniglio disegnato sulla terra, ci furono quattro pagine bagnate dalla pioggia (e da chissà che altro) che noi cugini trovammo in una casa diroccata sempre in montagna. Da adulta ho scoperto che un buon numero di miei coetanei annovera quest'esperienza iniziatica: riviste porno rinvenute in case abbandonate o in case in costruzione. Mi domando se esi-

[2] Mi si perdoni, Coez mi ha preso la mano.

[3] Se a qualcuno sembra una forzatura, ricordo che siamo in tempi in cui il termine "ribellione" è stato ricondotto alla formula *re-bellum*, ritorno al bello. Per la serie etimologie fantasiose.

stesse un qualche personaggio, una figura antropologicamente rilevante per la vita dei paesi chiamata a nascondere pagine proibite nei cantieri o tra le macerie, come tracce di un mondo sotterraneo e scabroso. Un *umarell* porno.

Curiosità mista a schifo e una strana euforia, è così che reagii alle immagini stropicciate di donne che mi parevano grasse, gonfie di un piacere fasullo, e gli uomini mostri biblici iperdotati, mezzi maschi e mezzi treppiede. Non concepivo che la gente a me vicina, i miei genitori, la mia maestra, il panettiere avessero la possibilità di fare lo stesso ai loro corpi, mai glielo avrei augurato. D'altronde quello che succedeva nei giornali, nei fumetti, anche in televisione non era la verità, le gente in tv si ammazzava persino, ma mica era gente come me.

Fu in quegli anni che approfondii la questione. La casa di Federica, mia compagna delle medie, era terreno libero, i genitori lavoravano fino a tardi così il suo appartamento restava a noi per lunghi pomeriggi invernali. Ci preparavamo la cioccolata calda diluendo nel latte del budino Elah, perfezionavamo scherzi telefonici in cui stavamo zitte ad ascoltare un interlocutore che reagiva al silenzio. Ridevamo, ma non era divertente. L'adolescenza è un tempo in cui spesso si ride senza divertirsi. Poi un giorno trovammo un grosso libro sotto al letto della camera matrimoniale, in copertina un uomo e una donna, nudi, come in quella foto di John Lennon e Yoko Ono di spalle, solo che la ragazza del libro non teneva il volto girato verso l'obiettivo e, a differenza di Yoko Ono, lei aveva il culo.

Era un libro di anatomia degli anni settanta. Perché i genitori di Federica lo tenessero sotto il letto mi sfugge, magari prendevano sul serio la cosa del giocare al dottore e prima di farlo si interrogavano su dove si trovasse il perone o la cistifellea. È molto più probabile che, siccome il tomo era piuttosto spesso e grande, lo usassero come piano d'appoggio per fare la settimana enigmistica a letto.

La nostra attenzione era tutta per il pene di lui che non assomigliava affatto a un coniglio, anche se stava rintanato in un cespuglio. Lei aveva un triangolo grande e scuro tra le gambe e lui anche, solo che ne usciva un rubinetto. Questo mi sembrava. Saranno marito e moglie? mi chiedevo. Fratelli? Impossibile che due stessero nudi così per tutte le pagine di un libro senza legami familiari. Non si guardavano mai, niente mano nella mano. Che età avevano? Erano vecchi, più di venticinque anni, quindi vecchi. Lei era di fianco largo, lui portava i baffi, i baffi e il rubinetto. Chissà come si chiamavano. Ho avuto a che fare col pene di quell'uomo più di quanto abbia degnato di attenzioni quelli in carne e ossa (no, ok, ossa no) e non conosco il nome del portatore o possessore o comunque della persona a cui il pene stava attaccato. Era Adamo con la sua Eva nel giardino asettico di una casa di cura.

Una pagina a cui non prestavamo attenzione era occupata da disegni in bianco e nero del bacino femminile e di quello maschile. Due bacini scheletrici, quello di lei sembrava una farfalla, quello di lui le orecchie di un elefante. Magari è da lì che nasce la storia della "farfallina" e della "proboscide". La donna del libro di anatomia aveva grandi seni, io no.

Le donne più anziane di casa mia, le toscane, lo chiamavano il petto: "Vedrai che ti crescerà il petto, abbi pazienza, noi in famiglia si sviluppa tardi." Questa storia dello sviluppo tardivo non ha fatto altro che tenermi legata troppo a lungo a un filo di speranza: il petto arriverà, mi dicevo, ma era più facile che mi spuntassero le ali.

Nell'estate tra i dodici e i tredici anni ero grassoccia, non cicciottella, non abbondante, grassoccia, e alle tre pieghe della pancia che mi si formavano da seduta se ne aggiunse una quarta, più piccolina con due altrettanto piccoli capezzoli. Definirla seno era troppo, per mia madre non meritava nemmeno la parte sopra del bikini.

Quando vedo ragazzine in spiaggia nella stessa condizione, la tenerezza ha il sopravvento, vorrei avvicinarmi, dir loro passerà, andrà meglio, ma si sa a quell'età ogni piega è una montagna. L'inverno successivo la mia classe era divisa tra portatrici di reggiseno e portatrici di canottiere, le reggiseniche guardavano noi canottierine o flanelline dall'alto della loro seconda o addirittura terza misura (Rosalia aveva la quarta, ma aveva anche un bel paio di baffi), erano mature, navigate, nell'ora di ginnastica se le tenevano, correndo, perché non sballonzolassero. Anche io me le sarei tenute comunque, perché non scappassero via.

Poi la pubertà e con la pubertà il push up. In pratica mi aggiravo come una novella Giovanna d'Arco con questa corazza che faceva sudare i capezzoli, sperando che nessuno si accorgesse del trucco. La corazza stringeva dove non doveva perché a una coppa misera, per le case produttrici di reggiseni, corrisponde necessariamente la circonferenza toracica della Barbie. Con i primi approcci sessuali sono arrivati i veri problemi, il seno è un intrattenimento da non sottovalutare. Lui sa dove aggrapparsi mentre ti rema con la sua erezione contro e tu pensi solo che la borchia della sua cintura ti sta aprendo un nuovo chakra nell'anca. Remare, impastare e fare inutili succhiotti sul collo erano tra le attività più frustranti, inutili e faticose eppure praticate nella mia prima giovinezza. Chissà cosa provò Fabrizio quando una sera d'estate munse per ore la mia gommapiuma. Forse se ne vantò con gli amici. Strusciamento con palpata posticcia e spinta erettile scambiata per fibbia. Poco onore davvero.

Tornando a me e alla mia prima, nessun pensiero mi avrebbe messo a disagio quanto il mito della spagnola e non parlo dalla pandemia influenzale che uccise decine di milioni di persone nel mondo all'inizio del Novecento, mi riferisco al coito intermammellare che ogni giorno nel mondo fa felice centinaia di milioni di uomini. Spagnola si diceva sottovoce sghignazzando e io immaginavo un'enorme donnona che *ablava todo un pochito cossì*, sdraiata sul letto mezza nuda e invitante e mi invadeva un senso di inadeguatezza infinito.[4] A distanza di anni è rimasta una certezza: le mie tette lo spagnolo non lo avrebbero mai parlato.

A quei primi approcci con Fabrizio seguirono altre fatiche che mi svilupparono il muscolo sternocleidomastoideo, non so se sul libro di anatomia dei genitori di Federica se ne facesse parola, non me lo ricordo, oggi so che si trova a lato del collo ed è il muscolo che si contrae a Hulk se si arrabbia. Lo esercitai uscendo con Sébastien, un francese dalle grandi orecchie a sventola. Accadde una sera che durante un bacio sul collo e una pausa occhi negli occhi, lui prese coraggio e spinse la mia testa, prima piano, poi più forte. Facevo una cocciuta resistenza alla pressione praticata sulla mia nuca, vista da fuori la scena ricordava i giochi dei bambini in piscina, quando uno tiene con forza sott'acqua l'altro, che si oppone indispettito mentre risale in superficie.

[4] Parlando con una mia amica spagnola un giorno le chiesi come chiamassero loro la pratica che tanto mi angosciava. La chiamavano la brasiliana, dimostrando che non importa da dove tu venga ma ci sarà sempre una latina più disinibita di te.

Non capivo, proprio non avevo idea di cosa volesse da me, dovevo baciargli il pene? Era una cosa bizzarra. Non avrei saputo da dove iniziare, né come finire, la bocca è un posto inospitale, ci sono i denti per esempio. Inoltre il pene è imprevedibile, non sai come possa reagire agli stimoli. Troppe incertezze, ero impreparata, temevo di sbagliare e preferii restare nei limitati territori della certezza, tendendo allo spasmo il mio muscolo sternocleidomastoideo. "Lo sapevo che eri ancora una bambina," mi disse poi, doveva essere parente della piccola montanara. Ma la mia mente fece due più due. Sébastien mi aveva lasciato perché non mi amava e non mi amava perché non ero all'altezza, non ero abbastanza eccitante, esperta, sciolta. Dovevo migliorare.

Dopo il francese, ci fu il Musicista. Il Musicista fumava un pacchetto di Marlboro rosse al giorno e io andavo matta del suo odore. Un giorno d'autunno gli si forò un polmone. In pratica il polmone è un palloncino che si può bucare, è così che un medico spiegherebbe uno pneumatorace a un bambino di sei anni. È così che lo spiegarono a me che ai tempi di anni ne avevo dieci di più. Portavo capelli lunghi e ricci a piramide e mi vestivo con pantaloni militari di due taglie più grandi, mi sentivo una dura ma davo l'idea di essere un'ex obesa che non aveva avuto tempo di rifarsi il guardaroba. "Un sacco, sembri un sacco," mi diceva mia madre dannandosi perché spazzavo per terra con l'orlo dei calzoni.

Al Musicista si forò il polmone perché fumava, si dimenticava di mangiare e di dormire, qualche volta si dimenticava anche di venirmi a prendere, ma quando si ricordava era allora che accadevano le meraviglie. E tutte dentro di me. Il suono del clacson della sua Uno scatenava un riflesso pavloviano nel mio muscolo cardiaco di una tale potenza che il resto del corpo lo seguiva per le scale, poi in strada e infine in macchina. Facevamo sesso in auto, *alla boia d'un Giuda* come cantava Guccini in *Eskimo*. Era un classico caso di fidanzamento intransitivo o monodirezionale: io stavo con uno che non stava con me.

Lo sapevano tutti. Sua sorella maggiore che mi guardava con un misto di tenerezza e pena. Lo sapevano i suoi genitori che rispondevano al telefono e passavano la chiamata con quella formula odiosa: "È per te, c'è quella tua *amica*..." Lo sapevano i miei vicini di casa che si domandavano perché non suonasse il campanello. Lo sapevano le altre ragazze con cui usciva. Io no, non lo sapevo, lo sospettavo, ma mi illudevo che fosse solo distratto. Si dimenticava di mangiare, di dormire, magari non aveva fatto troppo caso a me, magari doveva solo concentrarsi meglio. E poi accadde che a lui si forò un polmone. Mi pare fossimo rimasti che mi sarebbe passato a prendere per andare a un concerto, siccome era in ritardo di ventiquattro ore chiamai a casa, sua madre mi disse dell'ospedale e del buco nel palloncino.

Aveva il solito tono accondiscendente, la paura era passata. Era successo due sere prima, non era grave. Mi spiegò dove era ricoverato e io corsi, corsi come Georgie quando a Lowell viene la tubercolosi, corsi come corre un archetipo, nello specifico di una crocerossina. Angosciata ma felice, perché sapevo qual era il mio ruolo nel mondo: portare tè caldo stillato dalla macchinetta direttamente al suo capezzale. Corsi attraverso la città e poi nei corridoi dell'ospedale, corsi per le scale, corsi e arrivai alla camera e non bussai, entrai. Lui era sdraiato a letto, con un pigiama azzurro, aveva un'espressione beata e non perché fosse felice di vedermi, perché in realtà non mi vide, sorrideva e poco più in basso, china su di lui, c'era una ragazza di cui vedevo solo la nuca. Ebbi la prontezza di richiudere la porta e rifare tutto il percorso all'inverso, solo più lenta, per le scale, per i corridoi dell'ospedale, per la città, fino a casa.

Una volta in salotto, singhiozzando spiegai a mia madre cosa fosse successo. Forse balbettai che la ragazza aveva messo la bocca dove io non avevo avuto il coraggio. Lei capì. E disse una cosa che non era da mia madre e insieme lo era profondamente e che mi spiegò molte più cose dell'amore e della nostra famiglia di quanto avessero fatto le risposte di *Cioè* fino ad allora. Mi prese le mani e sentenziò seria: "Palle (mi chiamava Palle, che non era un diminutivo di Pallina, ma di "due palle" un po' come "due calzini" di *Balla coi lupi*), Palle, vedila così: magari cercava un modo di rigonfiargli il polmone."

Si usa la formula "praticare" sesso orale a qualcuno, quindi era una questione di pratica e io ero una ragazzina di buona volontà. Pensai che prima della pratica ci dovesse essere la teoria. Chiesi al mio migliore amico. "Far venire un uomo con un paio di baci lì è come voler uccidere un cinghiale a colpi di fichi molli: impossibile," sentenziò. Con il mio migliore amico guardavamo, sui canali locali, i promo dei film porno in vendita da Sexy Malizia o da Sexy Shop Tabù. Tabù, in particolare, stava in via Asinari di Bernezzo. Un posto dove non sono mai passata, ma che tiene il suo spazio nella mia personale toponomastica del sesso. I trailer erano a loro modo esilaranti, la voce fuori campo declamava il codice del film e poi il titolo: "Codice 57, *Suor Germana!*" e poi seguiva una breve trama su un montaggio di immagini velocizzate, dove capezzoli, peni e vagine di suore e preti erano coperti con stelle rosse. Noi impazzivamo per codice 90, *Big Bamboo*, una torbida passione tra un mandingo e la sua bianca padrona. "Trenta centimetri di spada d'ebano... e i culi tremano!" diceva lo speaker mentre un sedere bianco di donna correva via, inseguito da un'erezione da sette stelline.

Non so se fosse colpa di Sexy Malizia, ma avevo sviluppato l'assurda immagine mentale del sesso orale integralista, un'ortodossia della fellatio che non prevedeva l'ausilio delle mani. Poteva essere un'incomprensione di tipo filologico la mia, a nessun orale il professore a un certo punto ti dice: "Allora, signorina, adesso mi faccia qualche disegnino per aiutarsi nell'esposizione." No, le mani non si usavano, il fallo di mano faceva slittare tutto a livello masturbatorio, un gradino inferiore nella scala delle tecniche amatorie, una cosa da ragazzini brufolosi e io volevo essere una donna fatta e finita.

Quando venne il momento di mettere in pratica le mie convinzioni mi prodigai in movimenti chiaramente ispirati al gioco della mela nella tinozza. Quella dove provi ad afferrare il frutto che galleggia nell'acqua, con il solo ausilio della bocca e le braccia legate dietro la schiena. Un numero da circo. A volte immagino cosa sarà passato nella mente del povero malcapitato che, di fronte a tanta forsennata ostinazione, finiva per perdere anche vigore. E allora lì si raggiungevano gli effetti più grotteschi, perché il numero si trasformava in quello della foca con la palla. Per agevolare l'abboccamento mi servivo del naso. Funzionava solo se lui era supino, diversamente no. A pensarci rido fino alle lacrime e benedico che non esista in giro un filmato intitolato "Incredibile! Guardate cosa fa questa ragazza con il naso" e poi mi infurio con chi non ha avuto il coraggio di correggere quella pessima impostazione iniziale. Per fortuna non funziona come per il tennis che se ti impostano male il dritto è difficile correggersi.

Ridere è sempre stato il grande antidoto per la vergogna di non essere amata e comunque, adesso mi è chiaro, nessun uomo si è innamorato di una donna per un pompino, al massimo le è stato grato per un po'.

Intanto le mie amiche sembravano infastidite dagli approcci dei ragazzi, dicevano: "Mi vuole solo portare a letto", loro volevano fare l'amore. Una cosa tutta femminile distinguere tra far sesso e fare l'amore. Una cosa tutta femminile questa paura. Quale uomo direbbe mai: "Mi vuole solo scopare?" con quel tono lamentoso, con quella supplica negli occhi, con quella triste consapevolezza di essere solo considerati corpi? Nessun maschio e nessuna me. Io avevo la paura opposta, temevo di non essere considerata un oggetto sessuale. E per oggetto non intendo una cosa posata nell'angolo e dimenticata. Ma come un oggetto dei desideri, una che guardi e pensi deve essere mia, non per farci famiglia, non per farci il futuro, il futuro sarebbe arrivato comunque.

Erano pensieri che non potevo ammettere a casa, dove crescevo con due donne *non c'è sesso senza amore, è dura legge del mio cuore*, mia madre e mia sorella maggiore.

Devi aspettare quello giusto. La verginità è un regalo. Lo ricorderai per sempre. Questi erano i tre assiomi intorno a cui si muoveva la teoretica della prima volta della mia genitrice. "E se quello giusto non arriva? Tu per esempio hai aspettato quello giusto, mamma?" le chiedevo. "Ma che domande fai? Io sono nata nel '42, quello giusto era quello che ti sposava." Dopo scambi come questi mia madre era solita dire che avrebbe voluto due figli maschi. Vagheggiava spesso realtà alternative. "Sono nata nell'epoca sbagliata," non perdeva occasione di ricordarcelo, da qui il marito sbagliato e il sesso sbagliato delle figlie.

Ma i maschi non credo stessero meglio. A posteriori, tutta la mia educazione sessuale si basava su una visione dell'uomo sminuente e irrispettosa. La prima regola di questo female club era *nel dubbio, non dargliela*, come fosse una concessione e, soprattutto, come se non dovesse piacere anche a te. Il piacere femminile era secondario o inesistente, il sesso risultava uno strumento per farsi amare. E infatti veniamo alla seconda regola del female club, cioè *bisogna fare l'amore*, perché fare l'amore ti avrebbe preservato dallo squallore del mondo, fare sesso era peccato, non in senso religioso, ma in senso lato, un'occasione mancata, una piccola ferita nella dignità. La terza regola del female club era *fatti desiderare*, che riportava dritta dritta alla prima *nel dubbio, non dargliela*. Il maschio ne usciva malissimo. A metà strada tra un gattino randagio maltrattato che scappa al primo movimento brusco, al primo gesto affrettato, e una belva famelica pronta a sbranarti e a passare alla prossima preda. A dispetto dei desideri mia madre, ero ben felice di essere nata femmina.

Mia madre faceva, a sua volta, parte di un female club ancora più rigido, fondato dalle nonne (le nonne facevano parte di un female club ancora più rigido fondato dalle ave e così via) che imponeva la verginità fino al matrimonio, un solo matrimonio per la vita. Ho passato l'adolescenza a infrangere regole del mio club e non sono stata l'unica. Racconto con tenerezza di quando mia nonna, quasi sul letto di morte, rinnegò la sua condotta sessuale ineccepibile. Risale a tre anni fa ed è un episodio che inizia con una domanda. "I girasoli recisi continuano a girare?" me lo chiede una barista mentre mi serve un caffè e in effetti ho in mano un mazzo di girasoli. Rispondo che no, ma non ne sono certa. Sorride e continua a parlarmi dei fiori, le stanno molto a cuore: "Una mia amica aveva dei girasoli e si spostavano verso la luce. Ma forse era lei che li girava nel vaso, non l'ho mai capito." La saluto con un sorriso, mi piace l'idea della Giratrice di girasoli, una voltapetali. I fiori sono per mia nonna Luisa, sta in un ospizio che in famiglia chiamiamo casa di cura, ma non possono curare niente, la vecchiaia terminale è un male da cui non si guarisce. I pazienti sono fiori recisi, lontani dalle loro case per via di figli che mancano perché non sono mai nati o per via di figli che mancano ai loro doveri. Lei sta alla finestra, rivolta verso il sole, guarda fuori come tante volte quando mi salutava da dietro il vetro del secondo piano di corso Regina Margherita. È seduta sulla sedia a rotelle e qualcuno l'ha girata verso la luce, forse un infermiere, forse mio zio che sta con lei ogni giorno, tenendole la mano. I fiori recisi non seguono il sole, mia nonna nemmeno. Ce ne stiamo una di fronte all'altra, tra noi un piccolo tavolino dove appoggiamo i gomiti. A intervalli regolari mi prende il braccio, dice: "Sa', un bacino," io mi protendo per assecondarla mentre mi porta la mano alle labbra. Non risponde a quello che le chiedo, ma parla da un sogno, come se dormisse e qualcuno la punzecchiasse con domande inopportune. Si interrompe, biascica, si azzittisce, parlare l'affatica, poi torna a baciarmi la mano. Si aggiusta continuamente sulla sedia a rotelle, per trovare una posizione che perde subito.

Appoggio la testa sull'incavo del mio braccio disteso, in modo che mi possa baciare quanto vuole. In un momento forse di lucidità o forse di nebbia più fitta, mi dice: "Tornassi indietro camminerei con le mani per terra e le gambe per aria." Un'espressione che ha già usato in passato, un giro di parole per dire che avrebbe dovuto concedersi di più, con gioia. Una donna sui sessant'anni, la figlia di un'ospite della casa di cura, ascolta e rincara: "E io mi farei suora in un convento di frati."

Rido di quella licenziosità che mette in discussione interi female club. Siamo tre donne di età diverse ma adulte, nessuna deve più insegnare a nessuna come si sta al mondo, possiamo confessarci l'inutilità di tanti precetti, che i valori hanno senso solo nel momento in cui ti senti in dovere di trasmetterli. Abbiamo mentito in buona fede, perché abbiamo avuto madri che ci hanno mentito in buona fede. Ci siamo girate verso il punto che ci hanno indicato come il sole. E forse la domanda non è se i girasoli recisi girino, ma se accade che, quando sono ancora in terra, scelgano di voltarsi e guardare da un'altra parte. La consapevolezza e la libertà sessuale sta tutta in quella scelta.

Se ascolto il mio passato, mi stupisco di quanto mare ci sia nella conchiglia dei miei ricordi. Tanto si è perso, ma so con certezza quando arrivò il mio primo "sono stanca a te". Indosso un cappotto grigio e una gonna corta o forse è un abito, calze nere, un abbigliamento da primo bacio e il bacio è nell'aria, ma non ho idea se mi piacerà, non lo so prima. P. mi offre un caffè in via Po, giochiamo per scherzo a una slot machine, vinciamo cinquantamila lire, le tengo io, poi mi porta in auto alla fermata del tram. Non voglio che mi accompagni a casa, non insiste. Parcheggiati in via San Massimo mi dice: "Guarda l'ora, sono le sei e quaranta, così non te lo dimentichi" e mi bacia. E non me lo dimentico, il bacio delle sei e quaranta ha il sapore delle cose che iniziano. Ho vent'anni e spogliarmi alla luce mi mette ancora a disagio, temo i raggi Zara negli occhi degli uomini. Quel particolare luminol della cellulite e delle mille imperfezioni che solo il neon dei camerini di Zara sa restituire. Bisogna evitare di guardarsi da fuori prima di essersi conosciuti dentro, secoli di "spegni la luce" prima del sesso si spiegano così. Comunque quando bacio P. Zara non esiste ancora, c'è l'Upim.

"Che occhi grandi che hai," gli dico. "Per guardarti meglio." Ed è il lupo che mi guida nel bosco. Mi spiega, per esempio, che gli occhi belli non sono occhi di un bel colore ma con uno sguardo e un'intensità, mi spiega, senza dirlo, che la bellezza sta al fascino come il colore allo sguardo. È un errore pensare che siamo attratti dall'azzurro, siamo attratti dagli abissi, dalle onde leggere che muovono la superficie, che la increspano di bianco e di blu. C'è nella vita di una ragazza l'incontro che ti dà un nuovo punto di vista sul tuo corpo. Con P. io ripresi tutte le misure su me stessa, non parlo del giro vita, che non sarebbe stato mai sottile, non parlo nemmeno della taglia del seno che non sarebbe stata mai abbastanza grande. La taglia del reggiseno? Le mani di P. chiuse a conchiglia. Il giro vita? Un braccio e mezzo di P. e mi cinge da parte a parte. Su di lui misurai quanto potesse essere profondo il desiderio, quanto spessore possono avere le parole, se vengono esaminate in dettaglio per trovare significati e doppifondi. Non ero più una bambina, avrei voluto dirlo alla piccola montanara, non c'erano più misteriosi grandi conigli.

Erano gli anni novanta. Prima della rivoluzione informatica che è stata a tutti gli effetti una rivoluzione sessuale. Il porno è diventato accessibile a chiunque, gratuito, non relegato alle case diroccate, ai fondi di armadi polverosi, a via Asinari di Bernezzo. È ovunque e ovunque cambia le voglie, le mode, i desideri, gli standard del piacere. Non sono detrattrice della pornografia, ma mi sono interrogata spesso sugli effetti dell'iperesposizione alla fantascienza sessuale, Pornhub dovrebbe specificare che i suoi contenuti non sono video tutorial, che è preferibile non rifarlo a casa se non si vogliono intasare i pronto soccorso con grandi contusi. Quello che mi destabilizza nei porno non è ciò che fanno gli attori, ma l'intenzione che ci mettono. La gente si mangia, si mozzica, si divora e idrovoreggia. Le donne alle prese in disquisizioni orali con questi poveri membri smaniano come un affamato che spolpa un ossobuco. Suggono forsennate, ci mettono tanta foga che ti viene da intervenire: "Amica, anche meno fatica o, per la legge dei vasi comunicanti, il poveretto sul letto sotto di te si ritroverà presto le lenzuola e tutto il corredo della nonna risucchiato tra le chiappe. E anche tu, amico mio, guarda che il ritmo pneumatico che stai usando non fa impazzire le donne, l'unica che a sbatterla così impazzisce è la maionese."

Io, in quei video, non mi ci ritrovo. Le donne hanno vagine capienti come valigie di Mary Poppins, come zaini di Decathlon, alcune testimoniano di aver fatto tutto il cammino di Santiago a spalle libere. Però esteticamente sono perfette, depilate, rosee. Se la camera stringe sui volti si direbbero tutte impegnate in una discesa su un ottovolante al luna park. Le fanciulle urlano, ridono, sembrano terrorizzate, vanno a testa sotto. Poi la camera allarga e non siamo al luna park ma all'Aquafan di Riccione. I francesi le chiamano *femme fontanelle*, fenomenali creature, dalla vita in su donne, dalla vita in giù annaffiatoi.[5]

Farsi una cultura sessuale su YouPorn oggi è come imparare le regole del calcio da *Shaolin Soccer*. Non mi riferisco solo a ragazzi e ragazze alle prime armi, la rivoluzione tecnologica ha cambiato anche la vita degli adulti come me.

[5] Si accoppiano solo su divani ricoperti di cellophane. E qui mi si insinua il dubbio sulle nostre povere nonne, quelle che tenevano la plastica sulle poltrone perché il tessuto non si rovinasse. Zia Assunta era una squirter. Questa la scrivo in nota perché mi vergogno.

Alla fine degli anni novanta, se ti veniva in mente di fare una foto di nudo bisognava ancora portare il rullino a sviluppare, un deterrente per i più pudichi. La tecnologia ha eliminato le mediazioni. Oggi hai un telefono con cui puoi cancellare, rifare, filtrare, tagliare, e non c'è dubbio che lo userai per raccontarti al meglio, lo userai per creare un fotoromanzo del tuo corpo.

Anche la questione delle chat spinte tra amanti è recente, sexting si chiama, non si tratta di semplici messaggi, si possono aggiungere video, vocali e immagini, in pratica ogni scambio è un percorso multidisciplinare, una tesina da cinque crediti. Qualche sms caldo lo mandava anche il Nokia, ma non ce lo potevamo permettere un orgasmo via messaggio, finiva subito il credito, noi avevamo gli squillini, certo potevi dirgli: "Squillami quando sei venuto", ma perdeva di mordente.

Nessun si stava meglio quando si stava peggio, voglio credere però che tutto possa essere più semplice di come appare oggi. I corpi sono fatti per unirsi, basta metterli uno di fronte all'altro: le braccia si piegano all'altezza del gomito perché le mani arrivino ai seni, al petto, per essere romantici al cuore. Diversamente avremmo le giunture al contrario come i cammelli, molto utili per farsi il selfie al sedere, ma poco per l'accoppiamento. Poi c'è la bocca che, oltre a servire per fare tutte le cose che sappiamo, dovrebbe avere la funzione di chiarire cosa ci piace e cosa no. Scoprire cosa ci piace e cosa no è un duro lavoro, ma ognuno lo deve fare, affinché quel "sono stanca a te" sia una dichiarazione di libertà e di indipendenza.

Sono stanca di tutte le parole, delle ansie, delle immagini mentali, delle rincorse, delle aspettative, delle distanze, dei filtri, della confusione tra estetica e seduzione, dei ruoli, dei *regina reginella quanti passi devo fare per arrivare al tuo castello*, dei female club, dei male club, dei rubinetti e dei conigli. E tu sei stanco come me? Allora è perfetto: io sono stanca a te.

FATICA NUMERO 11. L'AMORE

Dove rivaluto la credibilità dei marinai e arrivo alla conclusione che l'amore, per quanto lo infiocchetti, sia una roba per stomaci forti, per gente brutta e cattiva, un lavoraccio sporco, ma qualcuno lo deve fare.

"Sono stanco," mi diceva Matteo quando la crepa della crisi si stava aprendo sotto i nostri piedi. Facciamo una passeggiata? Sono stanco. Questo weekend portiamo i bambini al mare? Sono stanco. Ma non era stanco, era stufo, era stufo di me. Solo che non poteva dirlo, preferiva sprofondare nel divano e nel cellulare. C'è un detto: non esistono bambini cattivi, solo bambini stanchi. Vale anche per gli adulti. Non esistono coppie cattive, ma solo coppie stanche che si comportano male. Io ero stanca e cattiva, ero stanca di me. Nel chiudere una relazione, un'amicizia, non ho mai lasciato l'altro, ma me stessa, la me stessa che trovavo ormai insopportabile, la me di cui mi ero totalmente disinnamorata. Ciò che mi infastidiva di Matteo era la mia voce, i miei discorsi in tondo, la mia voglia di litigare senza sapere perché e senza possibilità di resurrezione.

Ho una buona memoria, ma funziona a modo suo, i ricordi si fanno nitidi staccandosi da un quadro di fondo confuso, come uno di quei poster effetto 3D che avevo in camera da ragazzina, li osservavo in stato di trance e saltava fuori un delfino, una tigre. Se guardo a quel periodo, se mi concentro, saltiamo fuori noi due, che ci diciamo dobbiamo parlare quando non c'è più niente da dire. Gli sguardi che non si incrociano, il terrore di trasformarmi in una statua di sale leggendo nei suoi occhi la verità. Ci chiedevamo continuamente "Ce l'hai con me?" e ci rispondevamo con un "No, perché?" stranito, di chi cade dalle nuvole, ma il perché lo sapevo io e lo sapeva lui, ci eravamo giurati amore eterno, solo che lo avevamo giurato sul nostro amore che eterno non era. Poi le assurde stravaganze. Sussurravo, soffiavo le frasi, spifferi freddi: domani hai il dentista, ricordati di chiamare tua madre, è il suo compleanno, devi portare Lorenzo a nuoto. E lui mi guardava con la faccia contratta perché non sentiva, cercava di leggermi le labbra, labbra che comunque non cercava da tempo per nessun altro motivo. Ricordo anche una volta che l'ho chiamato "amore" per sbaglio, cucinavo, ero sovrappensiero, "amore" ho detto e me lo sono rimangiato subito. Lui non ha risposto, ha fatto finta di non sentire per non aumentare l'imbarazzo. Il disamore, mentre accade, non è un temporale improvviso è più un lento cambiamento climatico finché una mattina ti ritrovi un orso polare su un iceberg in cucina.

Nei tempi felici avevamo un rito, mi acquattavo sotto il suo braccio, lo guardavo da sotto a sopra e quando girava il viso gli chiedevo: "Da quanto tempo è che hai smesso di amarmi?" Rideva come se gli avessi chiesto da quanto tempo frequenti un corso di coreografie di Bollywood, la domanda sembrava assurda a tutti e due. Non riesco a ricordare l'ultima volta che gliel'ho domandato, sicuramente avevo smesso per paura che mi rispondesse serio. Quando l'impossibile è diventato plausibile e il plausibile è diventato realtà, quella deve essere stata l'ultima volta e tutto ha cominciato a finire.

La fine comincia e poi continua, continua e continua ancora, uno stillicidio sfiancante. Quando ero giovane il mio sogno era una chiusura stile Butch e Marsellus in *Pulp Fiction*, nell'episodio con Bruce Willis. Ecco. I due sono appena sopravvissuti alla vicenda più sconvolgente della loro vita. Sono grati e distrutti. Butch chiede: "Dicevo, adesso che sarà tra me e te?" Marsellus risponde: "Ah, in quel senso là. Adesso ti dico che sarà tra me e te. Non c'è niente tra me e te. Non c'è più niente." E poi chiude: "Due cose: uno, non raccontare questa storia. Questa cosa resta fra me, te e il merdoso che presto vivrà il resto della sua stronza breve vita fra agonie e tormenti, il violentatore, qui. Non riguarda nessun altro questo affare. Due: lascia la città stasera, all'istante, e una volta fuori, resta fuori, o ti faccio fuori: a Los Angeles hai perso i tuoi privilegi." Tra due amanti pensavo dovesse andare così, dopo tutti i casini, il dolore, io dovevo essere Marsellus e lui Butch. Soprattutto adoravo la battuta sui privilegi persi. Ma non va così. Il finale è molto più lento, sfilacciato, ci si cerca ancora, nessuno fa fuori nessuno, si resta in prossimità.

Finisce quando lo devi comunicare alle famiglie, ai figli, ai vicini,[1] quando tocca dirlo agli amici, ai conoscenti. Finisce quando per la prima volta rifai da sola le cose che facevi in coppia: il primo Natale, la prima vacanza, il primo cambio degli armadi. Finisce quando vieni a sapere di un nuovo amore. Finisce quando ti concedi un nuovo amore. Finisce quando vi perdonate e vi condannate, finisce quando vi ricordate il male che vi siete fatti, finisce quando vi ricordate il bene che vi siete fatti.

[1] C'è anche da ridere. Ogni volta che entravo nel mio palazzo in compagnia di un essere di sesso maschile (un uomo, un ragazzo, gli amici dei miei figli, ma anche la signora che mi aiutava con le pulizie se non si era depilata benissimo), il mio vicino di casa mi chiedeva come stesse mio marito. Ogni volta rispondevo che stava bene e pensavo tra me e me: "Prima o poi dovrò dirglielo che tra noi è finita da quattro anni." Ogni volta lui rispondeva: "Me lo saluti" e tra sé e sé pensava: "Zoccola!"

Eppure è solo quando è andato via di casa che mi sono sentita davvero a casa, con i miei bambini, i miei tempi, la mia riposante disillusione.

Ero più me stessa da sola, mi ero sentita una single prestata alla coppia per sette anni. Se dovessi sintetizzare in una frase il mio curriculum sentimentale direi: "Una che si è prestata molto, ma data poco." Mi sono prestata a rapporti e avventure, a compromessi, mi sono prestata più o meno generosamente a relazioni che mi hanno divertita, arricchita, anche ferita, come tutti. Mi sono prestata a giochi d'amore ridicoli, alle strategie. Però darsi, non come una concessione, darsi per convinzione, è un altro paio di maniche. Darsi senza cedere alla tentazione del dubbio, senza controllare le vie di uscita laterali o quelle di emergenza, quel darsi o solo nei sogni o solo con i figli.

Nel 2013 iniziava la mia vita da madre separata. Ed era uno status che mi corrispondeva. Ogni tanto qualche amica accasata mi diceva vedrai che presto ti innamorerai e io non capivo se fosse un augurio o un anatema. L'innamorato guarda il disilluso come fosse un povero pazzo. Il disilluso guarda l'innamorato come fosse un povero idiota. Tutti e due hanno dimenticato che una volta il disilluso è stato innamorato (così tanto che non poteva pensare ad altro, tanto da domandarsi perché non esistesse un congedo amoroso dal lavoro, per esempio) e che l'innamorato è costantemente minacciato dalla disillusione. Si cammina su quella linea sottile di pazza idiozia, scambiando le parti, convinti di aver capito tutto, una volta di qua, una volta di là: il disamore rende presuntuosi quanto l'amore. Io ero presuntuosa.

Certo lo status di separata ha i suoi limiti, suona come "fine pena mai". Sarai separata fin quando non ti ricongiungerai con un nuovo uomo in maniera permanente o semipermanente? C'è qualcosa di assurdo e limitativo nell'essere descritta dall'esito della tua ultima relazione importante.

Dopo Matteo sono uscita con persone che mi piacevano ma sempre in preda alla sindrome della zucca, trascorrevo buon tempo, ma con la sensazione del minuto prima della mezzanotte, dovevo scappare e, giunta a casa, togliere le scarpette mi sollevava. Guardavo gli amici con una famiglia solida e ripensavo alla scena di *Harry ti presento Sally*, quando Carrie Fisher è finalmente nel letto con il nuovo marito e, commentando le difficoltà amorose dell'amica single, dice una cosa tipo dimmi che siamo salvi, che non ci dovremmo passare mai più?! E li invidiavo quelli in salvo, ma anche no. Perché alla fine naufragar mi era dolce nell'incertezza. Prima di tutto ero la boa di Lorenzo e Marta e come boa non potevo annegare, al massimo potevo bere un po'.

In quel periodo ho incontrato un uomo che pensavo fosse la terra e invece era uno scoglio. Mi sono innamorata come una stupida, non ci sono altri modi per innamorarsi di un uomo sposato. *Amarti m'affatica* diceva una canzone dei CCCP, per fare l'amante bisogna avere il fisico, io ero poco strutturata.

Era una piccola danza, conoscevamo tutti i passi ma ci piacevano le variazioni. Parcheggiavamo nella via laterale, mi camminava accanto per una ventina di metri, era lo spazio in cui diceva qualcosa che non ascoltavo. Un ristorante dove aveva cenato, una nuova serie su Netflix. Entravamo nel portone, cortile, porticina, due rampe di gradini. Lo anticipavo di uno scalino perché mi potesse guardare di spalle, sulle scale ero di buonumore. Poi eravamo in casa mia: per un lungo istante restavamo uno davanti all'altra a guardarci negli occhi, e sembrava non sapesse cosa farci con me, se accucciarsi ai miei piedi o staccarmi la testa con un morso. Mi impugnava il collo come si impugna un'arma, ma non era un duello, con altri lo era stato, con lui no. Io non ero vittima, non ero carnefice, ero l'arma. Mi vestivo la mattina pensando a quando mi avrebbe spogliata a pranzo, gli anelli me li sfilavo io, uno a uno. Lui non si tolse mai la fede dall'anulare, mi illusi che fosse possibile accontentarmi delle altre nove dita.

Il lunedì e il giovedì erano giorni buoni per noi, il lunedì soprattutto perché la donna delle pulizie era appena andata via e la casa profumava di fresco. Il lunedì seguiva il weekend e gli amanti il weekend litigano e poi non si rispondono ai messaggi e spengono il telefono e si maledicono e si benedicono, "Sei sempre con me," si ripetono e vogliono crederci, ma no, chi è sempre con te non te lo dice perché c'è. Gli amanti sono molto soli, non possono parlare del loro amore e non perché le persone non debbano sapere, non possono perché se sei un amante donna sei ontologicamente una svantaggiata psichica, una da compatire, da guardare con pena. La A più peccaminosa, non è quella di Adultera, ma quella di Amante, l'adultera è attiva, l'amante è passiva, subisce un'ignominia che non ha nulla a che fare con la morale. C'è qualcosa di peggio di essere amorali ed è essere stupide. L'amante è una malata terminale, l'unica a non sapere del proprio male in un mondo che invece ha la verità in mano e la verità è che i miracoli non esistono.

I miei figli mi portarono a vedere *Avengers: Infinity War* al cinema e io ebbi un'illuminazione. *Avengers: Infinity War* è uno dei pochi film dei supereroi dove i buoni perdono, letteralmente dimezzati dal cattivo intergalattico Thanos. In una delle scene finali, quando la disfatta è lampante, Iron Man chiede a Doctor

Strange, che ha facoltà divinatorie, se riesce a prevedere il futuro dell'umanità. Il Dottor Strano, che è strano forte non c'è che dire, risponde che ha analizzato quattordici milioni di futuri possibili. E in quanti vinciamo? lo incalza Ferro Man. Uno, risponde il compare Avenger. Ecco, l'Amante razionalmente sa di vivere un amore con una possibilità di felicità su quattordici milioni, ma ugualmente si aggrappa a quella, d'altronde gli italiani hanno una possibilità su seicentoventidue milioni di beccare la sestina al SuperEnalotto e ugualmente ogni settimana giocano i loro tre euro.

Veniamo ai 13.999.999 futuri in cui l'Amante perde, quelli non li racconta nessuno, ma sono noiosi, lenti, inesorabili, sono futuri in cui sembra che il futuro non accada. Chi ha una relazione extraconiugale è obbligato a pensare al qui e ora, non esiste futuro, non esiste progetto. Gli amanti trascorrono le sere a scriversi messaggi, concordare le telefonate, litigare anche per le piccole cose, i ritardi, le disattenzioni, stanno in bagno ore a prepararsi ma anche a cercare oasi di pace dalla famiglia. Ed è liberatorio perché pensare al presente significa vedersi ogni volta come se fosse la prima, anche se è per il solito pranzo dove tu sei la portata principale, il lunedì.

A un certo punto, però, dal "che bello sarebbe se le cose rimanessero così", così sorprendenti, leggere, facili come adesso, improvvisamente si passa al "che angoscia se le cose rimanessero così", senza evoluzione, nascoste, ferme. Cominciano allora i problemi, i mille addii, perché gli amanti sono molto bravi a lasciarsi, sono professionisti delle fughe e dei passi indietro che sono solo rincorse per riprendersi. Ci provammo a separare in tutto tre volte con l'uomo di fede, la quarta grazie al cielo ci fu fatale.

Tornando ai supereroi. La moglie[2] dovrebbe essere quella che vince nei tredici futuri con tutti quei nove di cui sopra, ma no, non ha l'aspetto di una che sta alzando una medaglia al cielo dopo averla baciata. Lo so perché sono stata anche la moglie. Ho capito che Matteo mi tradiva perché non riusciva a non parlarmi di lei, l'altra. Mi parlava di lei senza parlarmene davvero, ne evocava i gusti, la presenza. "Ho sentito di questa serie, la vediamo stasera?" esordiva. "Da chi hai sentito?" chiedevo, che non ti entra in testa nessun suggerimento a meno che ti venga ripetuto tre volte come le formule magiche, così si avvera. La risposta era: "L'ho sentito da una collega, anzi un collega maschio, anzi un collega neutro." Dolore straniante stare con qualcuno così coinvolto da un'altra persona da non riuscire a tenere ciò che piace all'amante per sé, che debba farlo sapere anche alla compagna ufficiale, alla moglie. Usa cautele, cancella i messaggi, non si fa beccare, ma è innamorato, lo percepisci. È tutto così confuso, tu sei la madre, ma anche la confidente, tu sei maternità, comprensione, tu sei quella a cui racconta le cose e se non te le racconta non sono vere. E ti odia perché non può raccontartele, ti odia perché sarebbe così facile amare te, invece di quest'altra, questo collega, anzi collega maschio, anzi neutro, anzi asessuato. Che tanto non avrà la forza di prendere con sé, non avrà la forza di riaffrontare tutto dall'inizio. Quella forza lì, nemmeno i supereroi.

[2] La moglie è odiatissima dall'amante, un odio irrazionale, la moglie nei racconti delle amanti è quasi sempre una pazza o una vecchia strega che impedisce il vero amore, sfruttando i figli e il senso di colpa a suo favore. Spesso il rancore si traduce in gesti ridicoli. Ho un'amica che entrava da Tiger, reparto cartoleria, prendeva il taccuino dove si provano le penne e scriveva "Anna Rossi brutta cornuta" in miniato, aggiungendo un bel palco di corna alla A di Anna e rifinendo con i glitter. La sua speranza era che, un giorno, Anna Rossi entrasse da Tiger e prendesse coscienza del suo stato di cervide, tornasse a casa e lasciasse il marito libero di vivere la sua grande passione.

Per assurdo è stato più facile chiudere una relazione matrimoniale di sette anni che chiudere un affair di qualche mese. Perché, mi chiedo oggi? Il mio amante era meglio del mio compagno di vita? No. I sentimenti non sono meritocratici, un caro amico mi dice che il mio problema sta nel prendere l'amore troppo sul personale, la trovo una provocazione davvero azzeccata. La presi sul personale anche in quell'occasione e per un anno soffrii. Non c'è rimedio alla sofferenza amorosa, cioè il rimedio è proprio la sofferenza, non lo strazio, ma il dolore che sfoga l'organismo mentre stai lì e aspetti che passi.

Mettermi il cuore in pace non è stata la parte più difficile. La parte difficile è stata mettermi il corpo in pace. L'amore è possessione, non è un caso che la vita si faccia spazio nel corpo per poi uscire alla luce. La mancanza era fisica più che emotiva e passava attraverso gli oggetti, un'assenza tangibile e dolorosa. Le cose che riguardavano Il Grande Assente avevano terminazioni nervose e mi facevano male. Mi facevano male i vestiti. Uno in particolare, lo ritrovai nell'armadio tempo dopo, lo indossai e mi bruciò la pelle. Era morbido, cadeva lungo, non aveva tasche, se le avesse avute avrei trovato un lancinante scontrino. Sanno essere stronzi gli scontrini, quelli con scritta la data, il luogo e anche la consumazione.

I neonati hanno i doudou, il pupazzetto che si mette nella culla per rassicurare il piccolo con l'odore dei genitori, in loro assenza. "Oggetto transizionale" si dice in gergo da pedagoghi, giusto per sottolineare quanto sia materiale il distacco. Ogni volta che vedevo il modello della sua auto sentivo una fitta, io che non distinguevo una Cinquecento da una Maserati, imparai a riconoscere i miei doudou. Mi faceva male il letto. Dopo esserci stati insieme lo ritrovavo spostato verso la finestra di qualche centimetro, era l'unità che misurava quanto ci fossimo spinti più in là nei nostri desideri. Da quando ci eravamo lasciati quel letto era fermo, immobile, senza vita. Mi facevano male i capelli, che avevo tagliato come forma di privazione, per dimostrare che ero un po' meno io. Mi faceva male il gatto con il quale lui s'intratteneva in gran discorsi quando stavo in bagno, mi piaceva pensare che parlassero di me. Io parlavo continuamente da sola. Mi dicevo chiodo scaccia chiodo, ma la filosofia carpentiera non attaccava, finiva che martello schiacciava dito e anche logisticamente non aveva senso, il secondo chiodo non avrebbe conficcato ancora più a fondo nella linfa quello sottostante? Resta poi che il chiodo è un corpo estraneo, come estraneo era qualsiasi corpo che non fosse il suo. Mi dicevo occhio non vede, cuore non duole. Ma fegato rodeva, stomaco bruciava, schiena si piegava, dente digrignava, anima penava. Mi dicevo anche che a quarant'anni avrei dovuto soffrire meno che a venti, ma a quarant'anni soffri uguale, solo con più occhiaie. Però avevo avuto più tempo per perfezionare un protocollo di chiusura efficace. Sapevo che dovevo fare i miei esercizi e mi sarebbe passata. Stava già passando, ma che triste che stesse passando.[3]

Si esercita la memoria, avrei dovuto esercitare anche la dimenticanza. Dovevo fare fatica, fisica e mentale. Correre mi serviva, svuotava la testa, funzionava anche tenersi a distanza di sicurezza dai pensieri che facevano male e dal cellulare. *Non ti merita*, *Si pentirà* e *Sei troppo intelligente lo spaventi* era il trittico magico di qualsiasi discorso consolatorio degli amici, le anime sentinelle che sostituivano l'idea puerile di

[3] Natalia Ginzburg, che evidentemente mi conosceva prima che nascessi, scrive: "E io intanto mi disinnamoravo di Manolo, ma disinnamorarsi è bruttissimo, tutti gli uomini ti sembrano scemi, non sai dove si sono ficcati quelli che si possono amare."

un'anima gemella. Facevo i miei esercizi e fingevo di stare bene, ma ero triste. La sera piangevo. Piove sul bagnato, si dice della ricchezza, ma vale più per la tristezza, le lacrime cadono dove sono abituate a cadere. Era la mia stagione delle piogge. Prima di dormire esaminavo il mio corpo. Mi aveva lasciato un livido su una coscia l'ultima volta che avevamo fatto l'amore, un'impronta grande come un pollice. Quando nessuno mi guardava ci premevo sopra forte, perché pensavo: "Quando sarà scomparsa non ci sarà più traccia di lui." Era sempre il secondo dopo l'addio e invece c'erano state in mezzo notti, giorni e poi stagioni. Gli altri si riprendevano (si riprendono) prima, sono pronti a riprendersi, io restavo lì a guardare un livido che non si riassorbiva perché da sola premevo sul punto dolente. A questo servivano la musica struggente, i libri, le foto, le lettere che non riuscivo ad archiviare. Era premere sul livido.

Lui, il Grande Assente, taceva, rispettava la mia scelta di non sentirci più. Io lo odiavo, ero certa che si sentisse sollevato, aveva rischiato di lasciare la sua famiglia e adesso era in salvo. Mi sarebbe bastato un gesto, un rimpianto, un fiore sulla tomba del nostro amore, per dire che sentivamo la mancanza l'una dell'altro. Avevo bisogno dei riti, i riti danno senso alla realtà. Ho portato tributi alla maggior parte dei miei ex, solo pensieri, il piacere di sentirsi dire: "Non ci siamo inventati, ci siamo stati." Invece niente. Per qualche tempo ho inviato messaggi notturni a cui nessuno rispondeva. Lessi la notizia di un vecchietto inglese che per due anni aveva usato un bidone pubblico destinato agli escrementi di cane per spedire le proprie lettere, scambiandolo per la cassetta della posta. Non era colpa del bidone, mi dicevo, è colpa del vecchietto che non ha visto bene. Come *A rose is a rose is a rose*, A bidon of shit is a bidon of shit is a bidon of merda. Non è che me la potessi prendere con il Grande Assente[4] che aveva finto di essere una cassetta delle lettere. Avevo spedito pensieri all'indirizzo sbagliato.

Un uomo che sceglie la moglie è un uomo che sceglie di non ricominciare, di non faticare, lo ritenevo un segno di debolezza, di fiacchezza d'animo. Invece il Grande Assente fece bene e feci benissimo io a non giocarmi il mio desiderio d'amore. Da ragazzina pensavo che nella vita avessimo tutti tre desideri da esprimere e vedere realizzati. Tre non sono pochi, ma nemmeno molti: uno per l'amore, uno per il lavoro e uno per la salute. Questa distribuzione valeva nel caso tu fossi un tipo equilibrato, ma potevi disporre di due per il lavoro e uno per la salute nel caso tu fossi un arido stronzo, tre per la salute in caso di ipocondriaco irriducibile. Io mi consideravo equilibrata, di fronte a qualcuno che mi piaceva o che mi faceva soffrire o che mi rifiutava, mi domandavo: "Spenderei per lui il mio desiderio amoroso? Mi piace così tanto da chiudere gli occhi e chiedere scegli me, scegli me, scegli me, ora?" Avevo quarant'anni e il mio desiderio amoroso era ancora lì intatto, nessuno se lo era meritato. Non lo avevo espresso per far tornare indietro Matteo, non l'avevo espresso per il francese dalle grandi orecchie con cui mi appartai una notte intera in Grecia nel 1995, non l'avevo espresso nemmeno con il Grande Assente. C'era il rischio di restare sola tutta la vita, a mia madre era successo, anzi stava succedendo, a dimostrazione che l'amore vero, perfetto e assoluto resta quello che non abbiamo (ancora?) vissuto.

Dario non l'ho visto arrivare. La funzione ricordi di Facebook mi rimanda immagini di un anno, due anni, otto anni fa.

[4] Il Grande Assente non era affatto un pezzo di merda, a oggi è una delle persone a me più care, ancora una volta avevo preso l'amore troppo sul personale.

Recentemente mi ha riproposto una foto che risale ad appena due giorni prima di conoscerlo. Sono all'aperto, mi tengo le gambe con le braccia, seduta su un muretto, porto i capelli raccolti con i ricci che vanno dove vogliono e ho un'aria triste, nonostante il sorriso. Quella fotografia mi spiega che la tristezza, se hai fortuna, è un preludio.

So che l'ho evitato a lungo perché un'amica comune me ne aveva parlato negli spaventosi termini di "conosco uno perfetto per te". L'ultimo perfetto per me, presentatomi da una cupido speranzosa, era un fotografo di tappi con la cordicella in metallo in vecchie vasche da bagno, allegro come un tamponamento. In quel periodo uscivo con S., una persona a cui ho voluto bene ma che oggi mi sembra fosse lì soprattutto per far risaltare la figura di Dario. Dario prendeva forma dentro di me per contrasto, non perché S. fosse manchevole, ma perché S. era un uomo del suo tempo, Dario no. E questo muoversi nel presente con un passo del tutto originale mi incuriosiva e mi turbava. S. io lo capivo, ne capivo le idiosincrasie, le isterie, perché erano e sono le mie. Dario non lo capivo, lo intuivo e intuivo che potesse smentire le mie certezze, potesse insegnarmi. Si dice che si impara dai propri errori ed è la versione che va a braccetto con l'utilità del dolore, i doloristi (io lo ero) trovano nella sofferenza una funzione alta, superiore. I doloristi sbagliano, forse non si impara ad amare ma l'unico insegnante è l'amore, non il dolore.[5]

S. era AL centro dei suoi pensieri, in un autobilancio continuo, un approfondimento di sé, dolente e senza fine. Dario è IL centro dei suoi pensieri, il perno intorno a cui ruota il ragionamento, una coscienza solida che però si apre verso l'esterno.

[5] Che poi le due cose talvolta possano coincidere è un altro discorso.

S. era fragile,[6] Dario è sensibile, ma non ha il senso del teatro, dello sguardo esterno, dell'aspettativa. Credo che dipenda dal suo rapporto unico con il tempo.

Per venticinque anni è stato uno dei proprietari di Giancarlo ai Murazzi, il locale di Torino con la L maiuscola, la L di leggenda. Tutti coloro che sono nati nel Novecento e abitano nella mia città hanno una notte, un incontro, un aneddoto, un pestaggio che ha Giancarlo come sfondo. C'è quella canzone di Elio e le Storie tese *Mio cuggino. Mi ha detto mio cuggino che una volta si è schiantato con la moto, mio cuggino mio cuggino. Mi ha detto mio cuggino che poi si è tolto il casco e si è aperta la testa, mio cuggino mio cuggino* dice in una strofa. Ecco, il cuggino di Elio di certo il casco se l'è tolto da Giancarlo. Poi continua: *Mi ha detto mio cuggino che una volta è stato co' una che poi gli ha scritto sullo specchio benvenuto nell'aids*. Ecco, la tipa l'aveva conosciuta da Giancarlo. Potrei continuare, ma il senso è chiaro: chiunque parli di Giancarlo lo mitizza a modo suo, in un misto di malinconia e orgoglio da io c'ero.

Chi più di Dario potrebbe ricamare storie col filo dei ricordi? Tutti più di Dario, perché lui non conosce nostalgia, il passato è una pratica che ha sbrigato, con dedizione e impegno, ma si va oltre, se si rompe l'ambra l'insetto intrappolato dentro non vola. Quando Giancarlo chiuse nel 2012, andò oltre e si mise a fare lo skipper.

In ufficio, per gioco, attribuivamo delle professioni alternative ai colleghi, Umberto (art director) che aveva un'aria sorniona e una stempiatura appena accennata, doveva essere un maestro di sci per bambini, però uno di quelli che si combatte-

[6] Da quando la fragilità è diventata un valore giustifichiamo qualsiasi stronzo perché gli hanno rubato la merenda alle elementari.

vano le madri. Marella (account) era la preside, per il suo piglio organizzativo e l'attitudine a rispettare e far rispettare le regole. Dario ha il viso da marinaio. La pelle scura, le piccole rughe intorno agli occhi nelle quali non filtra il sole, le mani grandi e i polsi forti, i muscoli lunghi di un animale selvatico, le frasi che sembrano venire da un'altra epoca, "Cos'è un uomo senza i suoi arnesi?" si chiede quando osserva rapito la vetrina dei ferramenta. Un unico tatuaggio sbiadito sull'avambraccio destro, fatto al porto di Genova. Se capita davanti a una chiesa entra a salutare, male non fa, ai morti piace chiacchierare. Prende un libro a caso dallo scaffale e non guarda il retro di copertina, lo inizia e lo finisce senza chiederti prima com'è, perché un libro è un libro, si legge. Ha un rapporto semplice con le cose della vita: i soldi si spendono, le parole si dicono, i baci si danno, i figli si crescono e i parcheggi, anche i parcheggi si trovano o si inventano. Ma soprattutto se c'è vento, non devi dare troppa vela, non devi per forza faticare. A volte basta stare e guardare.

Prima che ci mettessimo insieme, tre settimane prima per l'esattezza, ci siamo trovati a viaggiare in macchina, lui guidava e io gli stavo accanto, in silenzio, dietro un altro amico dormicchiava. In coda, dopo molte ore al volante, gli ho chiesto se fosse stanco. *Il capitano non è mai stanco*, è stata la risposta accompagnata da un sorriso. A posteriori gli ho domandato le ragioni di quella frase, sostiene sia di Dickens, ma io non ne ho trovato traccia. Il capitano non è mai stanco, parrebbe una spacconata, *Yo no soy marinero, soy capitan*, invece era un manifesto programmatico, una promessa.

La parola è un'approssimazione, anche quando suona bene. Appena ti sforzi di dire con chiarezza una cosa, ti accorgi che è chiara perché l'hai semplificata. Di fronte alla morte, alla nascita e all'amore non ci sono parole. Ho capito di amarlo perché, quando mi era vicino, sentivo forte la voglia di prendere posto al suo fianco, in macchina o nella vita, zitta. *Amarti mi riposa*, pensavo e penso ancora. Gli scrissi una lettera, che mai ha letto, una poesia, mi fa sorridere rispetto a ciò che ho raccontato fin qui, perché è una richiesta spudorata di alleggerirmi il peso del vivere, ancora una volta come se amore e riposo fossero sinonimi. Diceva:

Sollevami dalle mie responsabilità, solo ogni tanto, solo un pochino. Pensaci tu a fare l'adulto. Sollevami che rischio di rimanere piegata, sono lo starTAC delle madri, vecchio modello, passo le giornate a raccogliere oggetti dei bimbi che nemmeno ricordavo di avere comprato.

Sollevami dalla burocrazia, dalla cedolare secca, dai moduli dei rimborsi, rispondi per me ai centralini di Tirana, c'è una ragazza gentile a cui non so cosa dire, le giuro che non è un buon momento e allora rilancia: "Quando lei vòle che io richiamo?" e io dico domani e domani ci risiamo. Diglielo tu che la signora non vòle cambiare contratto, diglielo tu che la signora non sa niente di giga e che di fibra conosce solo il cantante.

Quando è sera, spegnimi la rabbia, controlla che sia chiusa ogni discussione, lascia una lucina accesa, non tanto per andare a fare pipì, quanto per ricordarmi che in fondo al tunnel delle ansie notturne c'è sempre l'alba a schiarirmi i pensieri. Teniamoci insieme che i tempi sono duri. Ma noi sappiamo far di meglio, sappiamo essere forti e maturi.

Portami il silenzio e un po' di pazienza, ma molta pazienza tienila per te, ti serve per accettare le cose di me che non puoi cambiare, come mangio l'uva, per esempio. Lo so che bisognerebbe prenderne un raspo, invece io apro il frigo e stacco un acino e poi richiudo il frigo, poi riapro ne stacco altri due e me li mangio e via così finché del grappolo resta uno scheletro disordinato, un alberello triste con quattro frutti rinsecchiti. C'è gente che è morta da sola per molto meno.

Leggimi ad alta voce, che è un bel modo di stare vicini, leggimi come se io non ne fossi capace, come si legge ai bambini. E fammi ogni tanto dei piccoli regali, le ciliegie d'estate, i cereali. Non è poi molto, insomma Battiato faceva dono delle leggi del mondo, che io me li immagino a casa Battiato che Natali: "Tieni amore questo è giusto un pensiero." "Oh grazie, che cos'è?" "Aprilo, è una legge del mondo..." "Uh, tesoro! Un principio della termodinamica, non dovevi, era tanto che ne volevo uno." Ecco mi accontento di poco. Anche sul tessermi i capelli possiamo sorvolare, idem per quella questione dello spazio e la luce per non farmi invecchiare. A me invecchiare va anche bene, sono già a buon punto, basta che lo facciamo insieme. Basta che restiamo in tanti a vedere gli anni sfilare, grandi e bambini, da qui in avanti voglio una vita-parata, con tanto di fanfare, dove ci si può abbracciare, una vita chiassosa che ti affacci alla finestra e resti a guardare.

Lui mi solleva. Molta della stanchezza che proviamo è data dalla fatica di far coincidere ciò che è e ciò che vorremmo fosse (peggio: riteniamo dovrebbe essere). Le storie d'amore fanno i conti con i modelli, con una forma di manipolazione, con un racconto (in quanto storia), un inizio e una fine, con una punteggiatura. Spero di non essere smentita, ma credo di non star vivendo una storia d'amore, ma di vivere l'amore.

Quello che valeva non vale più, anche la paura che il rapporto "si sieda". Io non stavo, mai, rilanciavo stupidamente, forzavo le richieste, in un crescendo che non prevedeva pace e riposo. In coppia non ci si siede, in coppia ci sono solo posti in piedi. Invece la coppia, quando funziona,[7] ha molto a che vedere col darsi per scontati, nell'accezione dell'esserci l'uno per l'altra senza dubbi, se allungo il mio braccio nel letto è scontato che ti trovi, come è scontato che domani sorgerà il sole, che il caffè quando sale nella moka gorgoglia, che l'ultimo mandarino è quello che fa schifo e quindi devi mangiartene un altro per pulirti la bocca. Scontate come le abitudini che non ti vengono a noia. Scontato come un dato di fatto, un principio della fisica, quei principi della fisica che regolano il mondo. O perlomeno il nostro mondo nel mondo.

Emanuele Trevi in *Due vite*, il primo premio Strega per cui ho tifato e vinto per interposta scrittura, racconta di quando Pia Pera, amica e fine intellettuale scomparsa da qualche anno, scopre il piacere e la felicità nel raggiungere l'autosufficienza alimentare, coltivando il proprio orto nella campagna Toscana. "Ne è felice come quei bambini che, nascosti sotto un tavolo o dietro una tenda, godono dell'idea di essersi ricavati un mondo nel mondo." Che è poi il finale del *Candido*: "Dobbiamo coltivare il nostro orto," chiosa l'eroe disincantato dopo essere passato d'avventura in avventura convinto di vivere nel migliore dei mondi possibili. *Dobbiamo coltivare il nostro orto* non vuol dire ritrarsi da ciò che ci circonda (orto non ha l'accezione negativa e asfittica di orticello), ma di smettere di cercare un senso a tutto, tanto anche se un senso c'è l'uomo non è in grado di comprenderlo. Lo scopo della vita deve essere più concreto: evitare di fare il male, creare il proprio *mondo nel mondo*, un mondo coerente e pieno di speranza, perché se c'è una possibilità di trovare il giardino dell'Eden in terra è solo costruendolo un orto alla volta. Costerà fatica? Certo che sì, ma io voglio morire stanca e felice.

[7] Aaah la presunzione degli innamorati!

FATICA NUMERO 12. LE PICCOLE COSE

Finale aperto, dove elenco piccole stanchezze, qualche riposo e molte insofferenze, con la speranza che il lettore continui la sua personale lista.

Avere i pensieri come gli squali che non stanno fermi, pensieri predatori che sbranano il mio sonno mi stanca. Sapere che gli squali, se si fermano muoiono, mi riposa.

È fatica la vita che è una fregatura. Se soffri, sarà sempre troppo lunga e se sei felice sembrerà sempre troppo breve. Far parte di quelli che la ritengono troppo breve, è riposo.

Le recensioni mi stancano. Recensioni di libri, di ristoranti, di bar, di film. Sapere che sul web c'è questa recensione (seria) della *Divina Commedia* mi riposa: "L'ho letto tutto. Ho capito tutto, perché ha messo le persone dove le ha messe, i motivi religiosi per cui tutto è in gruppi di tre, i fatti alla base della situazione politica del tempo. L'ho capito e non è che sia un granché. È solo un tizio che mette le persone in un finto inferno/purgatorio/paradiso dove pensa che debbano stare. Non mi sembra una grande idea e risulta un po' infantile."

Ci si aspetta che la mamma sappia trovare tutto, hanno gli occhi a raggi X le madri. Mamma non trovo i calzini, dov'è la maglia rossa? Il libro di scienze? E lei guarda e trova. Dov'è il coraggio? Dov'è il senso? Dov'è la mia strada? E lei cerca. Essere una madre che cerca mi stanca. Essere una madre che qualche volta trova mi riposa.

È fatica la noia. Con il giorno che dà un calcio a quello dopo per mandare avanti il tempo. Con la voglia di cambiare, ma non sapere da dove iniziare. Quel vivere male da dimissionari mi stanca, quando il "fuori" non è più lo spazio dove tutto è possibile, il fuori è solo una minaccia, la fonte infinita di nuovi livori. Mi ha chiamato un'amica sconvolta, aveva aperto la dispensa, trovato una scatola di piselli, scadeva nel marzo 2023. Il pensiero che nel marzo 2023 potesse stare esattamente come nel presente l'aveva annichilita. La possibilità che non succedesse nulla, che l'aspettasse solo un lungo rettilineo le ha fatto desiderare di buttarsi al fiume con una confezione di piselli formato famiglia al collo. Aspettare la nostra scadenza ci stanca.

C'è una bella differenza tra essere un genitore buono o un buon genitore, il genitore buono è quello che piace, perché si muove per il bene, temendo il giudizio, il buon genitore è quello che si muove per il meglio, a rischio di tensioni e frustrazioni. Tentare di essere un buon genitore è fatica. Non avere altra scelta è riposo.

Pensare che Dio non esiste mi stanca. Sapere che invece no, esiste ogni volta che facciamo qualcosa di gratuito e giusto mi riposa.

Cortesie per gli ospiti mi stanca, tutto quel mannaggialamamma per la torta ci vuole la forchettina da dessert e non il cucchiaino da tè mi stanca. Mangiare un Philadelphia usando un würstel come posata mentre guardo *Cortesie per gli ospiti* mi riposa.

I pancake mi stancano. Questi supporti semirigidi per la marmellata, centrini mollicci di gran moda non li sopporto più. E con loro: quelle tazze di passata di piselli che rispondono al fallace nome di matcha cappuccino. Il bubble tea mi stanca, una cisterna da passeggio, un mangia e bevi servito con una bella manciata di calcoli renali sul fondo. I pokè mi stancano, insalate di riso che se la credono un sacco, per esempio il tonno si fa chiamare proteina, gli ingredienti si definiscono per casate. Anche i pokè vengono arricchiti con una manciata di calcoli renali, le bacche di goji. Mi stancano pure loro. Mi stancano le mode alimentari e il cibo in genere che è diventato la droga del secolo, in città non c'è più un locale dove ascoltare musica, solo ristoranti.

Discutere con gli sconosciuti mi stanca. La discussione non ha valore di per sé. Il più delle volte la discussione è un affinamento delle proprie ragioni, non credo nelle discussioni costruttive, nelle discussioni costruttive alla fine puoi anche dare ragione all'altro ma è per dimostrare a te stesso che sei quel tipo di persona lì, uno che crede nella critica costruttiva. Perdi vincendo insomma.

La famiglia naturale è fatica, accettare un unico modello e seguirlo è faticoso, forzato, non prevede la complessità, l'umanità, meno che mai il dubbio. L'unica famiglia naturale che conosco io è quella da cui naturalmente scappi cento volte e a cui naturalmente torni per cento e una. Lo spareggio dell'amore fa la differenza, quell'una volta in più, non il sesso d'appartenenza, non la fertilità, il numero di figli o cicciobelli. Mi stancano anche le frasi come "mia madre è la mia eroina", "mio padre il mio mito", "mio figlio l'uomo della mia vita". In generale mi affatica l'agiografia dei sentimenti: le persone sono capaci di fare meraviglie, ma non esistono persone meravigliose tout court, nemmeno se sono i nostri parenti. Sono contraria ai santini, non è un caso che i santi siano tutti morti.

Avere dei sospesi, delle inimicizie, mi stanca. Parlare male di quelli che non conosco per pura antipatia aprioristica mi riposa.

Andare sul profilo di Benedetta Rossi che pubblica la ricetta del limoncello e leggere nei commenti "Come lo posso fare per il mio bambino di sei anni?" mi stanca. Immaginarla mentre bestemmia in marchigiano mi riposa.

Ogni tanto il mio umore cade, a prescindere dalla gravità della vicenda per cui è caduto bisogna tirarlo su. Tirare su l'umore mi stanca, farmi aiutare da qualcuno che mi vuole bene mi riposa.

Le chat delle mamme mi stancano. C'è un limite anche alla gentilezza e alla gratitudine. L'educazione è un valore, ma Santa Rappresentante Piena di Grazie forse è troppo. Venticinque grazie a comunicazione invoca il grazie al cazzo finale. Non essere la rappresentante di classe mi riposa.

Chi si lamenta di chi applaude all'atterraggio mi stanca. Odiare gli applauditori aeroportuali è da cinici. Il cinismo è l'esperienza senza empatia. Ti viene quando hai dimenticato quanto è difficile essere l'ultimo arrivato, quanto è complicato fare qualcosa per la prima volta. La prima volta che voli da solo, per esempio, ti guardi intorno con circospezione, controlli tutto mille volte, arrivi prima, chiedi, ti fai aiutare, dimentichi l'acqua al metal detector, la butti via all'ultimo, ti metti in coda all'imbarco, sali sulla navetta, aspetti, sali, ti siedi, ti guardi intorno, stringi il bracciolo quando decolli e all'atterraggio ti viene da applaudire. Dalla seconda volta prendi confidenza, sai cosa ti aspetta, dalla terza sei pronto a guardare dall'alto in basso gli sprovveduti intorno a te. Non applaudi all'atterraggio, che sciocchi quelli che applaudono, che sciocchi quelli che aspettano in piedi all'imbarco che tanto i posti sono assegnati, cosa aspettano? Che furbo tu che sai, che hai appreso le mosse. Che faticosi i cinici.

Mi affatica la tristezza che mette all'angolo e sembra non ci sia via d'uscita. Sapere che gli angoli sono delle svolte mi riposa.

Le bugie mi stancano. Inventarle, dirle, ricordarsele, prendere le strade secondarie per non farsi trovare dalla verità.

Le batterie mi stancano, doverle sostituire togliendo le maledette vitine con il maledetto cacciavitino per elfi. Allora piuttosto che cambiarle schiaffeggio il telecomando con tutta la forza che ho in corpo, a volte percuotendomi la coscia con foga. Quello del televisore ha le pile scariche da un paio d'anni. Certe pile non finiscono, fanno giri immensi e poi ritornano lì, nel telecomando del televisore, completamente spompe. Le mie pile hanno visto il mondo, le mie pile si sono imbarcate in un cargo battente bandiera liberiana, sono state in tutti i giochi di Natale sforniti di batterie alle aperture, hanno fatto parlare Elsa e Ultron. Queste pile sono più esauste di me.

Aver scelto di avere due figli a ventitré mesi di distanza mi stanca, soprattutto perché sono cavalli lanciati in due direzioni opposte e io in mezzo, un braccio uno e un braccio l'altro a stracciarmi l'anima in due. I romani, che erano gente pragmatica, la chiamavano tortura per smembramento, noi che siamo sognatori decadenti la chiamiamo genitorialità consapevole. La genitorialità consapevole mi stanca.

Mi stanca chi dice che è tempo di potare i rami secchi riferendosi a persone e relazioni appassite. È molto più semplice di così, non c'è bisogno di far fatica andando giù di sega elettrica e decespugliatore, perché i rami secchi cadranno da soli al primo forte temporale.

Mi stancano quelli che non sanno fare le presentazioni. Quando tu resti lì, in silenzio, a sentire una conversazione, sorridi, annuisci, ma sei il terzo incomodo. È un'arte quella del presentare, un gesto d'inclusione. "Vi conoscete?", "No?", "Lei è... lui è... Se prima parlavamo in due, adesso parliamo in tre."

Mi stancano i cuori di pietra. Perché poi anche la pietra a una certa temperatura diventa lava.

È fatica soffrire della sindrome della musa, il desiderio di essere cantata, ballata, disegnata. Le donne ne sono soggette. Ci innamoriamo dei dj perché speriamo ci guardino mentre mettono un disco, amiamo gli artisti perché speriamo ci guardino mentre dipingono un quadro, ci innamoriamo dei musicisti perché speriamo ci guardino mentre compongono una canzone. Mia madre ha questo bellissimo doppio nome, Maria Rita, ideale per dediche, che può essere reso diminutivo, Mariù, come non si può parlare d'amore a Mariù, come non dirle tutta la mia vita sei tu? Mio padre le dedicò una raccolta di sonetti, Sonetti A mari. Amari sonetti di un amore alla fine. Lei non apprezzò, non parla mica di me, parla di sé. La musa è sempre il poeta. Avessi potuto scegliere, avrei voluto essere Giovanna di De Gregori, perché Giovanna era stata la migliore, faceva giochetti da impazzire e non c'era niente da capire. Chissà che giochetti faceva Giovanna, le tette di Giovanna, ci potrei scommettere, parlavano spagnolo, ma forse anche indi e sanscrito. Quanto desideravo essere Giovanna, non una qualsiasi, LA MIGLIORE. E invece ero Enrica. Per un po' mi sono illusa che in *Mambo No. 5* nell'elenco delle donne amate ci fosse anche Enrica. E invece era *and Rita.* La mia amica Renata per anni è stata convinta che la canzone di Jovanotti dicesse: "Se Renata Rap, se Renata è in metropolitana", un invito a un amore urbano forse. Per non parlare della delusione di Lucia quando ha realizzato che Vecchioni aveva scritto *Luci a San Siro* e non Lucia a San Siro. Muse illuse.

Mi stanca il vicino che mi fa notare di aver sentito Andrea Ines piangere. A me non sembra pianga spesso, ma è anche vero che il pianto come la pioggia si sente, mentre i sorrisi come il sole non fanno rumore.

È fatica l'idea del successo. Il successo è qualcosa che guardi dal basso in alto, il successo sono le nuvole in cielo. Dense, candide, di cotone, palpabili. Quando però ci passi in mezzo con un aereo e ti sembra di poterle toccare si fanno evanescenti, inconsistenti, sono solo nebbia.

Andare a ballare mi ha sempre stancato. Quando ti muovi per un po' al ritmo di una musica e sorridi, chiudi gli occhi e fai la faccia assorta, mimi parole che non conosci, poi ti guardi intorno e sputi qualcosa nell'orecchio di un amico, aspettando il momento giusto per cedere e dire: Prendiamo da bere?

Mi stanca non sapere dov'è la tessera elettorale quando devo andare a votare. Gli altri si beano del proprio senso civico guardando i timbri collezionati su un'unica tessera, io ho una tessera elettorale per ogni timbro perché a ogni elezione non la trovo e la rifaccio. Eppure l'avevo "messa qui, così me la ricordo".

Ti banno! Killami! Non Killarmi! Sei un nabbo! Mi stanca la colonna sonora della mia vita da quando Lorenzo ha scoperto i videogiochi e per un'ora al giorno ulula con le cuffie in testa e i suoi amici dall'altra parte, amici a cui dà ordini che sembrano safeword sadomaso in lingue sconosciute. Mi riposa che non guardi video sadomaso.

Mi stanca fare una battuta divertente, nessuno la sente, poi la ripete ad alta voce quello accanto a me e tutti ridono. Mi riposa fare battute che divertono le persone.

Mi piacerebbe essere una di quelle persone in grado di posticipare una discussione, ne parliamo domani, ora sono troppo stanco. Mi piacerebbe vincere al gioco del silenzio, ma non ne sono capace. Le persone stanche sono faticose, perché le persone stanche non parlano e mi lasciano sola. È stanchezza avere un adulto che mi dorme accanto, mentre io veglio, invidio il suo riposo, mi viene da svegliarlo, perché io sono sveglia e tu dormi? Che ingiustizia è questa?

Gli adolescenti mi stancano. Hanno un motore sei cilindri da 410 cavalli montato su ruote lisce. Sono pericolosi perché partono dall'irremovibile certezza di aver ragione, su ogni cosa. Probabilmente ce l'hanno.

Mi stanca chi teme che un gay cresca un figlio gay perché i gusti dei genitori passano ai figli. Ho argomentazioni scientifiche a tal proposito: sono undici anni che cerco di convincere Lorenzo a ordinare stracciatella e nocciola per rubargliene un po' e lui continua con quello schifo di limone e cioccolato.

Mi stancano i finali delle incombenze. Se stiro, lascio lì qualcosa per la volta successiva. Se faccio la lavatrice, lascio un fondo di tre o quattro vestiti sporchi nel cesto. Anche rimettere al proprio posto gli arnesi che ho usato mi stanca: l'aspirapolvere nel suo angolo, le spugne sotto il lavandino. Non avrei potuto fare l'artista, mi avrebbe fatto troppa fatica lavare i pennelli dopo aver dipinto.

Voler essere capita senza chiedere di essere capita è fatica.

Mi stanca essere scema. Si pensa che sia scemo chi non riesce a farsi entrare le cose in testa, quando è evidente che è scemo chi non riesce a farle uscire certe cose dalla testa. Ossessioni, paure, idee nocive.

Pensare di uscire la sera mi stanca. Uscire ed essere contenta di averlo fatto mi riposa.

Fatica è svuotare la lavastoviglie.

Fatica è essere un bambino e andare a fare la spesa al supermercato con tuo padre e quando siete arrivati alla cassa con il carrello pieno zeppo, tuo padre ti molla lì per correre a prendere lo zucchero o il caffè o sa solo il diavolo cosa lo spinga a lasciarti da solo con la paura che arrivi il vostro turno di pagare e lui non torni in tempo.

Fatica è gestire i complimenti, se non me ne fanno ci resto male, se me ne fanno non so che cosa fare e allora dico non è vero.

Fatica è pulire lo specchio in bagno. Ho una famiglia che si lava la faccia sputando sulla propria immagine riflessa, non si spiega altrimenti quanto sia schizzato di sputazzi ogni giorno.

Fatica è il numero di email in arrivo nella mia posta privata: 33.392 nel momento in cui sto scrivendo.

È fatica avere la testa tra le nuvole. Ma ancora di più avere le nuvole nella testa.

Aver fatto tanta fatica mi stanca. Sapere che la fatica che ho fatto ieri mi serve a farne meno oggi mi riposa. La fatica ha una sola utilità: farne meno, altrimenti è fatica sprecata.

Mi stancano quelli che mi tolgono i peli dalle maglie, mi spulciano, mi sfilano i capelli caduti dai vestiti, le ciglia dalle guance, mi invitano a pulirmi perché "hai una cosa qui". Mi vogliono aggiustare. Colpa del naso credo, che è rotto e quindi fuori asse, sterza a sinistra. Quando un quadro è storto c'è chi non resiste a dare una raddrizzata.

Mi stanca che il meglio che possa accaderci non lo facciamo accadere.

È fatica che l'amore sia un'ottima bottiglia di vino portata a una cena da amici e mai aperta, rimasta lì, per nulla apprezzata.

Mi affatica lui che mi prende in giro, perché voglio parlare di noi. Ma poi aggiunge: "Su di noi non c'è niente da dire, solo da fare, parliamo di Sciascia piuttosto, della Rivoluzione russa, di Federer e Nadal, ma niente teorie su di noi, tanto non ci riesci, noi ci amiamo in silenzio come si amano i pesci."

Mi stanca che ogni cosa che comincia quando comincia già inizi a finire. Mi riposa stare con uno che non ha il senso della fine, mi dice che no, un fiume inizia ma non finisce, shhh shhh semplicemente fluisce.

È fatica la famiglia. È riposo Andrea Ines che traffica tutto il giorno, parlotta, butta in terra, alza muove la testa no no no, sì sì sì. Ha da fare tutto lei, è da un anno che manda avanti da sola la baracca. Questo fa: chiama, indica, ci mette in riga, delega, si fa rispettare, ci educa a stare insieme. Non solo i suoi quattro fratelli, ma anche i loro diversi genitori, i tanti nonni, quelli acquisiti, per lei è tutto uguale. Per lei che è miele, è tutto un grande alveare. Lorenzo a lei dà ascolto, forse parlano ancora la stessa lingua, basta che Andrea pianga e lui smette quel che sta facendo per venire a consolarla. Lui che appallottola i vestiti, calpesta oggetti piuttosto che raccoglierli, calpesterebbe anche me se inciampassi, lascia le luci accese, gli asciugamani bagnati sul letto... lui sa sempre dov'è il ciuccio blu, quello con l'alce. È riposo Andrea che ha le sue questioni da sistemare, non ha tempo per i pisolini, quando c'è da mandare baci agli sconosciuti, stringere dita, aprire sorrisi di cassiere, vecchiette, cameriere. Discute con il vento, ci viene alle mani, lo chiama per far contenta Marta, lei che se c'è un sole perfetto vuole la luna, le piace mettere la felpa al mare, a lei piace il temporale. Andrea ha un'agenda di mille incombenze, deve farsi spuntare i denti, deve prepararsi alle videochiamate, deve aggiornare il suo repertorio di magie. È tutta presa a far venire la nostalgia alla sua sorella ventiduenne, quella laureata, che mi fa tanto ridere, ne sono un po' innamorata, con gli occhi da cerbiatta e il passo da T-Rex, come fa una ragazza leggera come una piuma a fare tanto casino quando cammina? È fatta così, è Nina. E da quando c'è Andrea Ines ha la scusa per tornare a casa più spesso. Dell'adolescente non ne parliamo nemmeno, non si sa tra lui e la bambina chi è cambiato di più in un anno, ma quando si sorridono hanno la stessa età e il mio cuore sbanda. È riposo che i grandi si occupino dei più piccoli e la più piccola si occupi di tutti noi. Anche di me, mi fa mangiare le sue pappe che almeno sono sane, mi tiene in allenamento, mi fa camminare. Andrea Ines fa tutta la fatica del mondo prima di poter riposare. Solo allora io addormento lei e suo padre addormenta me e forse è questo il senso dello scegliersi, del nostro amore: cullare insieme un giorno migliore.

BIBLIOFILMODISCOCARTOGRAFIA DELLA STANCHEZZA

INTRODUZIONE
p. 8: *Forrest Gump*, Robert Zemeckis, 1994.
p. 9: *Madagascar*, Eric Darnell e Tom McGrath, 2005.

FATICA NUMERO 1. LA CASA
p. 14: *Eccezzziunale veramente*, Carlo Vanzina, 1982.
p. 16: *Per vincere domani* (*Karate Kid*), John G. Avildsen, 1984.
p. 16: *The Elephant Man*, David Lynch, 1980.
p. 18: Anna Oxa, "È tutto un attimo", *È tutto un attimo*, 1986.
p. 20: Manuel Vilas, *In tutto c'è stata bellezza*, trad. it. di Bruno Arpaia, Milano, Guanda, 2019.
p. 21: Giosuè Carducci, "Pianto antico", *Rime nuove*.
p. 23: Stefano Benni, *Margherita Dolcevita*, Milano, Feltrinelli, 2005.

FATICA NUMERO 2. IL LAVORO
p. 26: Byung-Chul Han, *La società della stanchezza. Nuova edizione ampliata*, trad. it. di Federica Buongiorno, Milano, nottetempo, 2020.
p. 30: *This Must Be the Place*, Paolo Sorrentino, 2011.
p. 35: *Manhattan*, Woody Allen, 1979.
p. 36: *Flashdance*, Adrian Lyne, 1983.
p. 36: Pier Paolo Pasolini, *Lettere luterane*, Milano, Garzanti, 2015.

FATICA NUMERO 3. I FIGLI

p. 47: *Frozen - Il regno di ghiaccio (Frozen)*, Chris Buck e Jennifer Lee, 2013.
p. 47: *E.R. - Medici in prima linea* (serie televisiva), 1996-2009.
p. 48: *Riso amaro*, Giuseppe De Santis, 1949.
p. 48: *Rapunzel - L'intreccio della torre* (*Tangled*), Nathan Greno e Byron Howard, 2010.
p. 50: Mattia Torre, "I figli" in Id., *In mezzo al mare. Sette atti comici*, Milano, Mondadori, 2019.
p. 50: *300*, Zack Snyder, 2007.

FATICA NUMERO 4. LA FELICITÀ

p. 53: Jonathan Safran Foer, *Eccomi*, Milano, Guanda, 2016.
p. 56: Edgar Cabanas e Eva Illouz, *Happycracy. Come la scienza della felicità controlla le nostre vite*, trad. it. di Davide Fassio, Torino, Codice Edizioni, 2019.
p. 58: *Per vincere domani* (*Karate Kid*), John G. Avildsen, 1984.
p. 58: *Dynasty* (serie televisiva), 1982-1990.
p. 60: *Pensavo fosse amore, invece era un calesse*, Massimo Troisi, 1991.
p. 61: Roberto Mercadini, *Io non scrivo mai niente*, Vimercate, Sagoma, 2016.
p. 62: Kurt Vonnegut, *Quando siete felici fateci caso*, trad. it. di Martina Testa e Assunta Martinese, Milano, Bompiani, 2022.

FATICA NUMERO 5. LA BUROCRAZIA

p. 67: Dan Brown, *Angeli e demoni*, trad. it. di Anna Maria Biavasco e Valentina Guani, Milano, Mondadori, 2004.
p. 69: *Le 12 fatiche di Asterix* (*Les douze travaux d'Astérix*), René Goscinny, Albert Uderzo, Henri Gruel, Pierre Watrin, 1976.
p. 69: *Anni 90*, Enrico Oldoini, 1992.
p. 70: Zygmunt Bauman, *Modernità liquida*, trad. it. di Sergio Minucci, Roma-Bari, Editori Laterza, 2015.
p. 71: Niccolò Ammaniti, *Ti prendo e ti porto via*, Torino, Einaudi, 1999.

FATICA NUMERO 6. DIVENTARE ADULTI
p. 79: Francesco Piccolo, *Il desiderio di essere come tutti*, Torino, Einaudi, 2013.
p. 81: Enrico Dal Buono, "L'era paracula. È difficile affrontare la pandemia perché siamo la generazione più irresponsabile della storia", in *Linkiesta*, 22 ottobre 2020.
p. 86: Milan Kundera, *L'arte del romanzo*, traduzione di Ena Marchi e Anna Ravano, Milano, Adelphi, 1988.

FATICA NUMERO 7. I SOCIAL
p. 89: *Le folli notti del dottor Jerryll (The Nutty Professor)*, Jerry Lewis, 1963.
p. 90: *The Human Centipede (First Sequence – Full Sequence – Final Sequence)*, Tom Six, 2009-2011-2015.
p. 91: *Monsters & Co*, Pete Docter, David Silverman, Lee Unkrich, 2001.
p. 93: Guia Soncini, *L'era della suscettibilità*, Venezia, Marsilio Editori, 2021.
p. 97: Intervista a Gipi di Nicola Mirenzi in *Huffington Post*, 28 febbraio 2021.
p. 100: John Berger, *Questioni di sguardi. Sette inviti al vedere fra storia dell'arte e quotidianità*, trad. it. di Maria Nadotti, Milano, Il Saggiatore, 2002.

FATICA NUMERO 8. LA BELLEZZA
p. 105: *Pretty Woman*, Gerry Marshall, 1990.
p. 105: *Bella in rosa* (*Pretty in Pink*), Howard Deutch, 1986.
p. 105: *Rocky*, John G. Avildsen, 1976.
p. 105: *Kill Bill: Volume 1*; *Kill Bill: Volume 2*, Quentin Tarantino, 2003; 2004.
p. 106: *Fleabag* (serie televisiva), ideata da Phoebe Waller-Bridge, 2016-2019.
p. 107: *Friends* (serie televisiva), David Crane e Marta Kauffman, 1994-2004.

p. 107: *Shaun, vita da pecora* (*Shaun the Sheep*) (serie animata), Richard Starzak, 2007-2020.
p. 107: *Teletubbies* (serie televisiva), 1997-2001, 2015-in corso.
p. 109: *Revenant - Redivivo* (*The Revenant*), Alejandro González Iñárritu, 2015.
p. 110: *Il favoloso mondo di Amélie* (*Le Fabuleux Destin d'Amélie Poulain*), Jean-Pierre Jeunet 2001.
p. 110: *Heidi* (serie animata), 1978.
p. 110: Calcutta, "Oroscopo", *Mainstream*, 2015.
p. 111: *I Simpson* (sitcom animata), Matt Groening, 1991 - in corso.
p. 111: *E.T. l'extra-terrestre* (*E.T. the Extra-Terrestrial*), Steven Spielberg, 1982.
p. 111: *Frankenstein Junior*, Mel Brooks, 1974.
p. 111: Lella Costa, *Magoni (e forse miracoli)*.
p. 116: *La vita è bella*, Roberto Benigni, 1997.

FATICA NUMERO 9. LA COMUNICAZIONE
p. 124: Sergio Endrigo, "Io che amo solo te", *Dieci anni dopo*, 1975.
p. 125: *Qualcuno volò sul nido del cuculo* (*One Flew Over the Cuckoo's Nest*), Miloš Forman, 1975.
p. 125: Paolo Milone, *L'arte di legare le persone*, Torino, Einaudi, 2021.
p. 126: Simona Vinci, *Parla, mia paura*, Torino, Einaudi, 2017.
p. 128: Walt Whitman, "Song of Myself, 52".
p. 130: Fran Lebowitz, *La vita è qualcosa da fare quando non si riesce a dormire*, Milano, Bompiani, 2021.
p. 131: *Despacito*, "Despacito", Luis Fonsi, 2017.

FATICA NUMERO 10. IL SESSO
p. 135: *La musica non c'è*, Coez, 2017.
p. 135: Peter Handke, *Saggio sulla stanchezza*, trad. it. di Emilio Picco, Milano, Garzanti, 2020.
p. 139: *Hulk*, Ang Lee, 2003.
p. 141: *Amerigo*, "Eskimo", Francesco Guccini, 1978.

p. 141: *Georgie* (manga), Yumiko Igarashi, 1982.
p. 142: *Balla coi lupi* (*Dances with Wolves*), Kevin Costner, 1990.
p. 144: *In questo mondo di ladri*, "Ricordati di me", Antonello Venditti, 1988.
p. 149: *Shaolin Soccer*, Stephen Chow, 2001.

FATICA NUMERO 11. L'AMORE
p. 154: *Pulp Fiction*, Quentin Tarantino, 1994.
p. 157: *Harry ti presento Sally* (*When Harry Met Sally…*), Rob Reiner, 1989.
p. 157: CCCP - Fedeli alla linea, "Amandoti", *Epica Etica Etnica Pathos*, 1990.
p. 158: *Avengers: Infinity War*, Anthony e Joe Russo, 2018.
p. 162: Natalia Ginzburg, *Ti ho sposato per allegria*, Torino, Einaudi, 1966.
p. 167: Ritchie Valens, "La Bamba", 1958.
p. 170: Emanuele Trevi, *Due vite*, Vicenza, Neri Pozza Editore, 2020.
p. 170: Voltaire, *Candido o l'ottimismo*, trad. it. di Stella Gargantini, Milano, Feltrinelli, 1991.

FATICA NUMERO 12. LE PICCOLE COSE
p. 172: *Cortesie per gli ospiti* (reality show), 2005-2012; 2018-in corso.
p. 177: Tino Rossi, "Parlami d'amore Mariù", 1932.
p. 177: Francesco De Gregori, "Niente da capire", *Francesco De Gregori*, 1974.
p. 177: Lou Bega, "Mambo no. 5", 1999.
p. 177: Jovanotti, "Serenata Rap", *Lorenzo 1994*, 1994.
p. 177: Roberto Vecchioni, "Luci a San Siro", *Parabola*, 1971.

INDICE

Finito di stampare nel mese di settembre 2022 presso
Elcograf S.p.A. - v.le De Gasperi, 120
Cles (TN)

Printed in Italy